学び直し可能な
社会と大学

―これからのキャリア教育―

落合 功〈著〉

学文社

まえがき

　皆さんは「学び直し」といわれると，どのように想像しますか？決して復習することではありません。大学などを卒業し，社会人になってから，改めて学習し直すことを意味します。

　これまで，私たちの教育は小学校，中学校，高等学校，そして大学という過程を経てきました。そして，中学校までが義務教育で，高等学校，大学へと進学することになります。ただ，その後，教育の場が保障されているわけではありません。生涯学習，生涯教育という言葉は，退職後の世代を対象としていたといえるでしょう。

　「学び直し」とは，そうした世代を対象とするだけではなく，それこそ30代から60代までの会社員や子育てに従事している世代の男性や女性を対象とし，彼らのニーズに応えるような教育を施すことを意図しています。あらゆる世代に対して学びの環境を整えていく必要があるでしょう。

　私は，教育学を専門としているわけではありません。生涯学習論も勉強していません。日本史や経済史を専門としています。

　しかし，現在に生きる人間として，若者の再就職問題は深刻な問題として受け止めていました。ワーキングプア，貧困率，七五三現象など，さまざまな社会現象を指摘することは多いのですが，それに対する施策はハローワークや職業訓練校などの充実といった，旧態依然の事業であることが多いのではないでしょうか。文部科学省からの委託事業の話があったとき，真っ先にこの問題に取り組むことができればと思ったのも，こうした理由です。

キャリア教育は，最近学校教育でも注目されていますが，それだけに社会人にも求められるところでしょう。

再チャレンジ支援事業は，安倍晋三内閣のときに精力的に推進された事業です。しかし，安倍内閣の失政，失言により，「再チャレンジ」という言葉は死語となってしまいました。私は，2007年度から2010年度にかけて，大学として取り組む再チャレンジ支援事業（修大再チャレンジプログラム）と，大学が事務局として地域に向けて取り組む支援事業（広島県再チャレンジ学習支援協議会）の二つの事業を担いました。内容は1日講座から半年間と長期にわたるプログラムと多様でしたが，この2年半で2,000名近くの人が私が関わった再チャレンジ支援事業に参加したことになります。アンケートや追跡調査によれば，ほとんどの人が着実に前進する意欲を見せる回答を得ることができました。

2,000名という人数は，決して少なくないと思います。再チャレンジ支援事業がようやく県下で定着しつつあるなかで，失政や失言により「再チャレンジ」が死語となり，終了を宣言しなければならないのは，とても残念でなりません。

私は，この3年間実施した再チャレンジ支援事業を書き留めることにしました。「再チャレンジ支援事業」を整理し，「学び直しとは何か」を考えていければと考えます。そして，今回の取り組みをより一般化することで，社会に向けて新しい学びを提言できればと思います。

目　次

まえがき …………………………………………………………… i

第1章　日本の経済状況と大学の現在 ………………………… 1
1．日本経済の曲がり角　　　　　　　　　　　　　　　　　1
2．大学の新しい方向性　　　　　　　　　　　　　　　　　5
3．「学び直し」の必要性　　　　　　　　　　　　　　　　8
補論1　最近の労働市場について　　　　　　　　　　　　15
補論2　いかなる人材が企業で求められるのか　　　　　　24

第2章　大学の挑戦 ……………………………………………… 45
1．広島修道大学学術交流センターの設立　　　　　　　　45
2．広島修道大学が実施した二つの取り組み　　　　　　　47
3．「再チャレンジ支援事業」の意味するもの　　　　　　50
4．成功の秘訣は学内協力と地域連携　　　　　　　　　　52
5．今後の展望　　　　　　　　　　　　　　　　　　　　55

第3章　地域に向けた実践的学習支援事業 …………………… 57
1．再チャレンジ学習支援協議会としての活動　　　　　　57
2．学習相談窓口の開設　　　　　　　　　　　　　　　　63
3．ニートに対する支援事業の実践経験と提言　　　　　　70

4．第二新卒者や転職希望者に対する支援事業の実践経験と提言
　　　　　　　　　　　　　　　　　　　　　　　　　　　　　76
　5．スキルアップ講座の事例と提言　　　　　　　　　　　81
　6．子育て中の女性を支援する　　　　　　　　　　　　　91
　7．女性のためのステップアップ支援講座　　　　　　　　97
　8．女性のためのメンター養成講座　　　　　　　　　　　101
　9．生涯学習としての再就職学習支援　　　　　　　　　　106

第4章　大学が実施する再就職支援プログラム　　　113
　1．修大再チャレンジプログラムの実施について　　　　　113
　2．修大再チャレンジプログラムの特徴　　　　　　　　　115
　3．就職の支援　　　　　　　　　　　　　　　　　　　　132
　4．進む大学改革　　　　　　　　　　　　　　　　　　　136
　5．モデルプログラムの策定　　　　　　　　　　　　　　140
　6．大学で実施した再就職支援プログラム　　　　　　　　148

第5章　学び直し可能な社会を目指して　　　155
　1．多様な学び直しプログラム　　　　　　　　　　　　　156
　2．「学び直し」ができる社会　　　　　　　　　　　　　173
　3．「学び直し」を広げるために　　　　　　　　　　　　191

あとがき　　　　　　　　　　　　　　　　　　　　　　195

第1章　日本の経済状況と大学の現在

1．日本経済の曲がり角

　日本経済は曲がり角に来ている。この曲がり角を見据えて，新しい社会に備えなければならない。

　日本にとっての成長戦略は重要な柱である。将来の国へのビジョンは人によって異なる。いろいろと意見はあるが，「豊かさ」を享受できることは，決して悪いことではない。一家に一台の車があり，冷蔵庫があり，テレビがあり，クーラーがあり，洗濯機がある。当たり前のようだが，豊かさを享受できている証しである。しかし，世界経済の展開のなか，競争は世界レベルで繰り返されている。企業はリストラにより，経営体質のスリム化が図られた。企業は残るが，労働者は削減される。もっといえば，企業の正社員は，ホワイトカラー層の確保をするが，単純労働を期待する層は，派遣社員によってカバーする。そして，派遣社員は景気の好不況によって増減が図られるのである。

　「日本経済は優秀な技能によって支えられている」といわれている。今でもマスコミは，「日本は伝統的に技術が優れている」と盛んに喧伝する。確かに，1950〜70年代ぐらいまでは，中学生が金の

卵といわれ，多くの技術を身につけた人材が職場で育成された。しかし，現在，彼らは定年となり引退しつつある。

それでは，今に目を向けてみよう。現在の若者は，七五三現象といわれるように，就職してもすぐに辞めてしまう。「我慢が足りない」「もう少しがんばってほしい」多くの経営者が嘆くのが現実だ。結局，外国人労働者に期待せざるを得ないのが現状である。果たして，技術の伝承が行なわれていないのに，優秀な技術者が育つのだろうか。もちろん，答えは否である。個々の技術や技能は，天性によって得られるものではない。個々人の努力の積み重ねによって得られるものである。個々人の努力なしに優れた技術や技能は得られない。

日本経済は，危機に瀕している。何が悪いのか。政治がよくない。何でそう言い切れるのか。日本は，900兆円も借金している。時事討論など見ていると，政策の議論をしているが，財政の話をしていない。年間の国の収入は，40兆円に満たない。あとは国債によって賄われる。つまり，私たちの年収が600万円とすれば，1億円の借金をしているようなものである。

自分の財布の中身を考えず，無茶苦茶な投資をする社長のように，日本の政治では好き勝手に国債を発行している。自分の給料が30万円なら，貯金を考えたり将来を見据えて20万程度の支出を考えるだろう。それを，政府はできていない。35万円の収入に対し，45万円の支出をしようとしている。無茶苦茶な投資をした社長が倒産すれば取り立てが来るが，政治家に対しては取り立てが来るわけない。先日，テレビを見ていたら，財務省の官僚が「このような政策を推進した政治家に誰が投票したのか？」と話していた。開き直り

に聞こえるかもしれない。しかし，民主主義なのだから，結局，責任は国民にある。そもそも，子どもたちへの教育にも悪影響である。借りたものは，返すべきである。

　もちろん，国は無策ではない。「成長」という言葉をより所に，インフレを起こそうとしている。インフレが起きれば，貨幣の価値が下がる。これによって，900兆円もの現在の貨幣価値を少しでも落とそうと考えているのだろう。いずれ，携帯電話1台が1000万円で購入する時期がくるかもしれない。将来，北朝鮮のような方法でデノミを実施するかもしれない。「そんな，非現実的な。日本に限ってありえない」というだろう。しかし，それが現実だ。日本でも実際に起きた事実として，歴史は証明してくれている。

　「借金していても大丈夫。アメリカを見ろ」というかもしれない。日本も世界に類を見ない借金国だが，アメリカも同様である。ただ，はたと考えてほしい。米国ドルは，何といっても世界経済の基軸通貨である。ドルが深刻な金融危機に陥った場合，各国が支える。そうしないと，自国の経済も危うくなるからだ。しかし，日本は立場が違う。世界経済に少なからず影響を与えるだろうが，アメリカほどではない。日本が経済危機に陥ったとき，各国がどれだけ支援するかは疑問である。たとえ話をしておこう。時代劇の水戸黄門では，終わりごろに必ず立会いシーンがある。このとき斬りかかる敵役に対し，皆が黄門様を守ろうとする。なぜなら，殿様なくして，皆の存在意義はなくなるからである。ほかに，八兵衛も助けられることが多い。なぜなら，明らかに弱いから。弱者は，皆が助けようとする。だけど，助さんや格さんは誰も助けてくれない。彼らは，自分で自分の身を守りつつ，かつ黄門様も助けなければいけな

い立場である。助さんや格さんが，斬り付けられてはいけないし，斬り付けられても誰も助けてくれないだろう。敢えて助けるとしても弥七か，とびザルぐらいなものである。緊急時ということだ。

　これだけ，日本政府が借金をしても，まだ日本経済が強固でいられる根拠は何か。日本の銀行に預けられてある貯金は，1,000兆円にのぼるというのだ。銀行に預けてあるだけでなく，資金をもっと流動的に市場に回せば解決するのだと主張する。かつての郵政民営化の推進理由の一つである。ただ，家計をやり繰りする庶民が，貯金しようが消費しようが，それは個々の家庭の勝手である。汗水たらして働いた金をどのように使おうが自由である。このような政治家の主張は，人の財布をのぞいて「お前金があるじゃないか」といってるようなものである。下品極まりない。

　それでは，国民はなぜ貯金したままで，なかなか財布の紐が開かないのか。それは医療費や年金など社会保障が厳しい状態となり，「安心」が買えなくなったからである。老後や病気の心配がある以上，むやみに無駄遣いをするのは難しい。社会保障をしっかりし，未来への安心が得られるのであれば，今の幸せを得ようとするだろう。そうすれば，自ずと財布の紐が緩むに違いない。

　日本の円は，ドル相場と比較され，ドルに対して円高，円安と指摘する。もちろん，基軸通貨のドルと比較することは悪くはない。ただ，ドルも弱いことを念頭に据えておく必要があるだろう。一緒に地獄に落ちないように，通貨（円）を管理する必要があるだろう。しっかりとした，自身の経済を見据えた政策が必要なのだ。

　消費税の議論をしばしば聞く。その是非は別として，消費税を導入すれば，900兆円を返済できると思っているのだろうか。滅茶苦

茶とはこのことだ。政治家は誰よりも勉強し，責任感を持って欲しい。

　別に，私は日本を美しい国にしたいとも思わないし，世界の経済大国の地位を維持したいとも思わない。しかし，これだけの資金力のある国が，ただそのまま衰退していくのであれば，それはローマ帝国と同じである。

　今ならば，私たちは，新しい国を模索していくことが可能である。そうした社会を教育界で模索すること。これを，私のささやかな経験から展望したい。これが本書の目的である。

　本書は，広島修道大学学術選書として，大学から出版助成金を得て発刊する。本書は，本学が推進した再チャレンジ支援事業の実践成果を具体的に提示し，今後，大学として果たすべき役割を展望し，提案していくことが目的である。

2．大学の新しい方向性

①大学改革の時代

　日本経済のような大きなうねりではないが，大学もまた大きな転換期にきている。18歳人口が減少し，大学は潰れる時代が到来した。地方を中心に定員割れの大学も少なくない。しばらく「潰れる大学」は少ないのかもしれないが，経営的に厳しい大学は多いだろう。

　学生確保の青田刈りも進んでいる。AO入試によって大量に合格発動をしている大学も少なくない。大学は高等教育機関といわれ，学問の府といわれる。しかし，現実の学生は覇気がない。

かつては，受験戦争といわれ，徹夜で勉強し，大学合格のために勉強していた。このことは，確かに問題だ。しかし，入学試験もない状態で合格する学生たちは，ストレス耐性が低い。しかも，大学も「学生に対して失礼があってはいけない」とし，学生に対して丁寧だ。かつて，履修登録手続は，各人の責任だったように思うのだが，今は，何度も催促，点検する。至れり尽くせりの教職員のフォローを学生は当然だと思っている。

　学生は，確実に幼くなっている。私は毎年，海外インターンシップを通じて学生を中国・大連に引率している。そのとき，大連の大学とも交流をするのだが，必ず言われる反応が「幼い」とか「子ども」である。海外に出て，開放感があるのかもしれないが，それにしてもケジメができていない。時間を守ることができない。

　「近頃の若い者は」というのは，古代エジプトの壁画にもあるそうだ。そんなことで嘆くのは，今に始まったことではないのかもしれない。2000年以上も前から大人の悩みなのかもしれない。だから，それ自体を悩んでもしょうがない。こうした問題を，家庭の問題にすべきなのか，教育の問題にすべきなのか，はたまた社会の問題にすべきなのか，なかなか難しい問題だ。おそらく，特定な問題ではないのだろう。個々にそれぞれで検討していく必要があるだろう。

　私はこの場で提案したいのは，そうした部分の教育ではない。こうした状況の若者（学生）を一応許容したうえで，彼らに対する学び直しの場を提供するということである。

②2005年中教審答申「我が国の高等教育の将来像」

2005年1月に中教審によって答申された「我が国の高等教育の将来像」を参照しよう。第1章の「新時代の高等教育と社会」の冒頭で，高等教育と社会との関係を以下のように展望している。

> 21世紀は，新しい知識・情報・技術が政治・経済・文化をはじめ社会のあらゆる領域での活動の基盤として飛躍的に重要性を増す，いわゆる「知識基盤社会」（knowledge-based society）の時代であると言われる。
>
> これからの「知識基盤社会」においては，高等教育は，個人の人格の形成の上でも，社会・経済・文化の発展・振興や国際競争力の確保等の国家戦略の上でも，極めて重要である。国際競争が激化する今後の社会では，国の高等教育システムないし高等教育政策そのものの総合力が問われることとなる。国は，将来にわたって高等教育につき責任を負うべきである。
>
> 特に，人々の知的活動・創造力が最大の資源である我が国にとって，優れた人材の養成と科学技術の振興は不可欠であり，高等教育の危機は社会の危機でもある。我が国社会が活力ある発展を続けるためには，高等教育を時代の牽引車として社会の負託に十分にこたえるものへと変革し，社会の側がこれを積極的に支援するという双方向の関係の構築が不可欠である。

このように，日本は大学の高等教育政策を通じて知識基盤社会を構築していくべきであると述べている。もちろん，この中教審答申には，大学教育・研究の質の保障の問題が多く叙述されてあるが，生涯学習の面での叙述を探すと，高等教育についての需要はほぼ充足されつつあるなか，より一層豊かで潤いある人生を目指して，生

涯学習需要の増大に向けた社会人が高等教育機関で学ぶ機会が増大するので対応の必要があることを指摘している。そして，それに加えて，「ユニバーサル段階の高等教育が真に内実を伴ったものとなるためには，単に全体規模だけでなく分野や水準の面においても，社会人等を含めた多様な学習者個々人のさまざまな需要に対して高等教育全体で適切に学習機会を提供するとともに，学生支援の充実等により学習環境を整えていくことが不可欠である。その意味で，誰もがいつでも自らの選択により適切に学べる機会が整備された高等教育，すなわち，学習機会に着目した「ユニバーサル・アクセス」の実現が重要な課題である。このような見地からも，より高い水準の学習需要への的確な対応等を含めた高等教育機関相互の切磋琢磨は引き続き重要である」と述べている。

　この動きは，制度的には加速度的に推進されている。2006年12月に改正された教育基本法には，生涯学習の理念が追加されている。21世紀は，「知識基盤社会」の時代であるという認識を受けたとき，大学は，これまでのように18〜22歳（およびその前後）までを対象とするのでなく，より幅広い年齢層の社会人を受け入れる必要があると指摘する。しかも，それは，多様な学習者個々人のさまざまな需要を把握し，高等教育全体として適切な学習機会を提供していく必要があるだろう。

3．「学び直し」の必要性

　本書では，大学改革の話をするつもりはない。むしろ，ねらいは，今後の大学教育や生涯学習のなかで必要とされる「学び直し」

を，広島修道大学が実施した二つの「再チャレンジ支援事業」を中心に紹介し，検討することである。

これまでは，小学校，中学校，高等学校，そして大学へと通学し，卒業すると就職し，社会人として活動する。以後，退職するまで仕事をしつづける。そして，退職したあと，生涯学習を始める人がいる。しかし，実はそういった学習スタイルだけでなく，もっと，日常的に学び直しの機会を得ていく必要があるということだ。

そんなとき，2007年4月，文部科学省から二つの支援策が提案された。一つは「社会人の学び直しニーズ対応教育推進プログラム」事業であり，もう一つは「再チャレンジのための学習支援システムの構築」事業である。

この二つの事業が推奨されたのにはわけがある。時の政権である安倍晋三首相のもと，強力に推進されたのが再チャレンジ支援事業である。この再チャレンジとは，一度，就職や大学入試などで失敗した人が何度でも挑戦できるような社会をつくっていくために推進されたものである。安倍内閣が発足したのは2006年9月のことだが，当時，小泉純一郎内閣を引き継ぎ，衆議院では圧倒的多数を有していた。このため，長期政権が期待され，この再チャレンジ支援事業は，各省庁で強力に推進された。ただ，「再チャレンジ＝恥」とか，「人生二毛作」など，ある意味，誤解を生むきっかけとなり，しかも安倍政権自身が推奨している再チャレンジの理解などに疑問が指摘され，逆に再チャレンジのイメージを悪くした。

そして，現在ではもはや死語に近いものとなってしまった。ただ，そういった結果は別として，圧倒的な議席を背景に成立した安倍内閣のもと，各省庁は積極的に政策を推奨した。その取り組みの

なかで出されたのが，上記二つの事業提案である。

①社会人の学び直しニーズ対応推進プログラム

まず，「社会人の学び直しニーズ対応推進プログラム」とは，どのような意図で行なわれたものであろうか。「公募要領」から探ってみよう。

社会人の「学び直し」のニーズに対応するため，大学などが幅広く教育研究資源をいかした学修プログラムを開発・実施することを意図している。そして，このプログラムを実施することで，学び直しに資す良質な教育プログラムの普及を図り，再チャレンジ可能で多様な社会の実現を目的とした（同プログラム公募要項より）。この対象となる事業については，実践的教育プログラムであることを前提とし，「学び直し」ニーズに応えるため，5つの要素を盛り込むように指示された。

まず第1は，社会人を対象としたプログラムということだ。特にこの場合の社会人とは高齢者だけでなく，ニート，フリーター，子育て等で就業を中断した人，さらには現在職業に就いている人など幅広い人々を対象としているところに特徴がある。

第2は，「関係団体（経済団体，職能団体や地方公共団体の労働関係部局など）との連携」などを通じて，社会のニーズを踏まえ，再就職やキャリアアップなどの再チャレンジに役立つ教育プログラムにすることである。これは，連携して意見を収集する場を構築すると同時に，外部評価機関としての立場となっている。客観的に事業を評価，改善提案などを期待したものである。

第3は，単なる公開講座ではなく，学び直しのために体系的に構

築され，かつ短期（1年未満）で修了できる教育プログラムであることが指摘されている。大学のように4年間は難しいが，おおよそ半年から1年程度で完結するようなプログラムを開設し，誰もが大学を利用できる（ユニバーサルアクセス）環境を指示したものと考える。

　第4は，大学等における教育，研究資源をいかした教育プログラムであることが指示された。目的を明示し，各々の大学としてなすべきこと，なされるべきことに対してプログラムを構築することが指示された。

　第5は，一定の能力を身につけたことについて，大学などが証明し，その履修証明の社会的な通用性を高める努力を大学等が行うことを指示している。これは平成19年に学校教育法が改正され，生涯学習の理念が新たに加えられた。大学などに対して「履修証明制度」が創設されたのもこれを受けたものといえるだろう。この履修証明制度は，かかる講座や公開講座などを含めて構成された120時間以上のプログラムを学長の名前で認証するものである。文部科学省としては，学位とは別の生涯学習の認証として履修証明制度の活用，推進を考えたのである。

　このように，大学に向けた社会人向け教育プログラムを構築することを支援するために制度的支援としては履修証明制度の取り組み，財政的支援としてはかかる「社会人の学び直しニーズ対応推進プログラム」の委託を通じて支援を行なうこととなったのである。

②再チャレンジのための学習支援システムの構築
　もう一つ「再チャレンジのための学習支援システムの構築」事業

について，「企画提案書記載要領」などを参照しながら紹介しよう。

　この「再チャレンジのための学習支援システムの構築」事業は，地域社会や企業などが求める人材の資質や能力を具体的に把握し，学習活動を経て社会参加や就業，起業などの新たなチャレンジをしようとする人に対する学習相談を行なうとともに，チャレンジするために必要となる学習機会を，大学や専修学校などの協力を得ながら社会教育施設などにおいて提供するなど，学習者の再チャレンジに資する学習支援システムを構築することを趣旨とした。

　事業の内容は大きく二つある。第一は，再チャレンジ学習支援協議会を設置することである。そのために，大学などの高等教育機関，企業，地方公共団体などで構成する再チャレンジ学習支援協議会を設置する。そして，地域社会や企業などの求める人材に関するニーズの把握や，再チャレンジに資する学習機会の情報収集を行なうようにする。そして，再チャレンジ者に対し，地域社会や企業などが求める人材ニーズの整合性をもたせるようにした学習相談や学習機会の情報提供を行なう窓口を設置するとともに，幅広く地域に周知させる。

　第二は，学習機会の提供，開発である。地域社会や企業などのニーズを地域の学習機会に反映させ，このような学習支援講座を実施する。具体的な事業としては，以下の内容が指示された。

 a）再チャレンジ学習支援協議会を設置すること

　　　この協議会は，地域の実情に応じて10人程度で構成することが指示された。この学習支援協議会が，協議会実施の事業を検討，推進する組織として位置づけられるということである。

 b）地域ニーズや学習機会を調査すること

地域の課題や地域・企業などの人材育成ニーズの調査を実施するようにする。具体的にはアンケートや実地ヒアリングなどによって,「必要な人材育成の学習内容」を検討するということである。

c）学習相談について,講座アドバイス相談や学習後アドバイス相談の両面をすること

再チャレンジを目指す人々にとってどのような学習が適当なのかを,前述②の調査に基づきながらアドバイスすることが目的である。

d）地域社会や企業などのニーズを反映した学習機会を提供すること

再チャレンジ講座として,考えられる具体的な講座は,ニート向け講座であり,もう一つは,フリーターや転職者向け講座である。

e）女性に対する学び支援事業として,出産・育児後の女性たちに対し,身近な場所で再チャレンジ支援講座（身近なチャレンジ支援講座）を実施すること

「身近なチャレンジ支援講座」という名称は,正直わかりづらい。きっと,家庭に入っている女性にとっては,「わが家の大工」など,もっと身近なことで自分でできるようになるチャレンジ講座の印象をもつ人もいるのではなかろうか。「この事業をするように」と,委託要領に記載されてあるので,やむをえないが,意図するところは,「身近で再チャレンジ＝就業や地域活動」などができるようにするための,スキルアップやコミュニケーション能力を高めたり,マインドアップを図ること

が必要であるということである。
 f ）メンター養成講座を開催すること
　　子育てを経て，再チャレンジ（再就職や地域活動）に成功した経験をもつ女性を選出し，メンターを養成する講座を開講する。

これだけの事業を幅広く開催することで，地域の再チャレンジを目指した人々に対し，学習支援を行なうことにしたのである。

この再チャレンジ学習支援について，当時，文部科学省生涯学習政策局政策課地域政策室にいた地域政策調整官である伊藤康志氏によれば，今後の生涯学習の方向性としては，①「個人の要望」と「社会の要請」のバランス確保が求められる，②「生きがい・教養」だけでなく「職業的知識・技術」の修得する学習の強化，③知識・技術・経験を継承しつつ，これらを生かした新たな「創造」による社会の発展を目指す，といった要素が指摘されている。そして，いつでもどこでも学べる環境をつくるべく，誰もが生涯を通じて学び，自己の内面を磨くとともに，新たなチャレンジ等を通じて学んだ成果を社会に還元することができる「知の循環型社会」を構築させていく必要性が指摘されている。

こうしたことをふまえ，再チャレンジと新たな社会参加を総合的に支援する学習システムを構築していかなければならない，ということを指摘している。以上のことを背景に，本事業が実施されたと見てよいだろう。

なお，平成21年度には，「実践的学習支援システム構築事業」へと事業名称を変更したものとして最終年度を迎えている。

二つの再チャレンジ支援事業に応募し採択された広島修道大学

は，5学部5研究科からなる文系総合大学である。藩校を淵源とし，2010年11月には大学開設50周年を迎え，地域に根差し，多くの有能な人材を社会に送り出してきた。本書は，広島修道大学における二つの再チャレンジ支援事業について紹介し，成果を明らかにすることで「学び直し」の意味を問い直し，未来を展望していければと考える。

補論1　最近の労働市場について

　最近の労働市場について，フリーターの人数の推移から見ていくことにしよう。1982年の段階では50万人程度だったフリーターの人数が，2003年，2004年には210万人を超えている。2008年は170万人

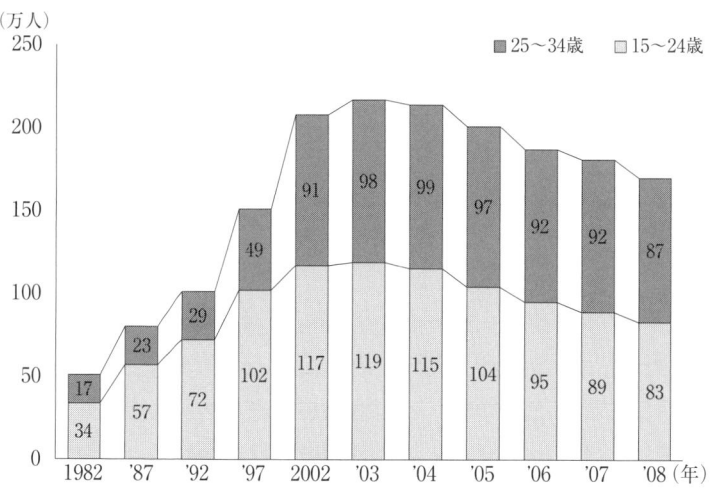

図表 補-1　フリーター人数の推移

出所：『平成12年版労働白書』『平成21年版労働経済白書』

図表 補-2　正規雇用者と非正規雇用者の推移

(単位：万人／＊印：最高値)

	15〜24歳				25〜34歳			
	正規雇用者		非正規雇用者		正規雇用者		非正規雇用者	
	男	女	男	女	男	女	男	女
1988年	247	265	54	52	643	235	24	82
1989	254	269	65	67	635	250	25	81
1990	265	265	66	69	643	247	21	97
1991	268	287	73	73	654	277	19	94
1992	298	＊296	80	76	655	265	21	105
1993	297	275	86	85	674	280	26	104
1994	＊299	285	81	86	687	291	21	110
1995	289	263	90	104	694	306	21	112
1996	283	252	96	107	703	321	31	120
1997	259	231	109	124	713	336	38	133
1998	237	217	110	130	730	343	39	143
1999	216	195	110	129	722	329	48	152
2000	186	179	117	131	＊745	336	45	158
2001	174	168	＊125	137	743	342	57	183
2002	172	152	117	135	713	＊350	71	187
2003	164	138	115	137	705	336	79	203
2004	154	135	110	137	694	324	88	229
2005	139	132	112	＊139	660	336	100	209
2006	144	129	119	137	657	318	＊108	＊230
2007	142	128	119	130	641	303	104	224
2008	139	129	111	129	624	304	95	214
2009	139	119	104	125	599	302	90	218

出所：総務省統計局HP

と減少しているが25〜34歳の人口が多い（図表 補-1）。

　また，フリーターの人数が減少しているといっても安閑としてはいられない。実は，フリーター人口の減少というのは，35歳になって多くが対象から外れたと考えられるからだ。次第にフリーターの高齢化が進んでいる。

また，もう一つ，正規雇用者と非正規雇用者の推移を性別，年齢別に検討しよう。

　まずは，15～24歳における正規雇用者を参照（図表 補-2）すると，男性は1994年，女性は1992年にそれぞれ正規雇用のピークがあり，そのあと，漸減している。これは人口減少の影響もあるが，非正規雇用に目を移すと，男性は2001年がピークとなっており，女性は2000年以降2007年にかけて130万人台で推移する。

　正規雇用の減少は，単に人口減少によるわけだけではないことがわかるだろう。この傾向は，25～34歳においてもいえる。男性は2000年，女性は2002年をそれぞれピークとして漸減している。それに対して，非正規雇用は，男性，女性いずれも2006年がピークとなっている。着実に，正規雇用者が減少し，非正規雇用者が増加している。また，2008年，2009年と景気が悪化すると，正規雇用，非正規雇用いずれも減少している。

　「広島県の総人口及び20～59歳までの人口」を参照（図表 補-3）しよう。労働力人口は漸減している。しかも，60歳以上の人口は増加の一途をたどり，19歳以下の人口は減少の一途をたどっている。また，「広島県の15歳，25歳，35歳の人口推移」を参照（図表 補-4）すると，25歳人口，35歳人口が着実に減少している。広島県在住者は県外へ流出する人口が多い。また，よく指摘されるように高齢者が膨張している様子がわかるだろう。

　しかも，この表を参照すると，1975年段階で25歳の人口が他の年代と比較して多い。しかし，彼らが退職する2010年も就職は超氷河期である。つまり，大量退職者がいるにもかかわらず，雇用者の補充は行なわず，絞られた形で採用がなされているのである。

図表 補－3　広島県の総人口及び20〜59歳までの人口

(単位：千人)

	〜19歳	20〜59歳	60歳〜	広島県総人口
1980年	825	1,522	392	2,739
1981	828	1,530	404	2,761
1982	827	1,535	416	2,777
1983	825	1,537	429	2,793
1984	824	1,539	443	2,807
1985	815	1,545	458	2,819
1986	816	1,540	475	2,829
1987	802	1,546	491	2,834
1988	788	1,550	509	2,838
1989	771	1,556	527	2,843
1990	759	1,548	542	2,850
1991	741	1,555	560	2,859
1992	723	1,567	577	2,867
1993	700	1,578	595	2,873
1994	680	1,587	610	2,877
1995	663	1,593	626	2,882
1996	647	1,593	642	2,882
1997	631	1,591	660	2,883
1998	617	1,593	673	2,884
1999	604	1,596	684	2,883
2000	598	1,580	703	2,879
2001	585	1,572	722	2,879
2002	575	1,560	745	2,878
2003	563	1,552	764	2,878
2004	552	1,542	784	2,878
2005	552	1,513	798	2,877
2006	547	1,515	812	2,875
2007	539	1,490	844	2,873
2008	531	1,466	872	2,870

出所：総務省統計局「人口推計年報」「都道府県，年齢（5歳階級）別人口」

図表 補-4　広島県の15歳，25歳，35歳の人口推移

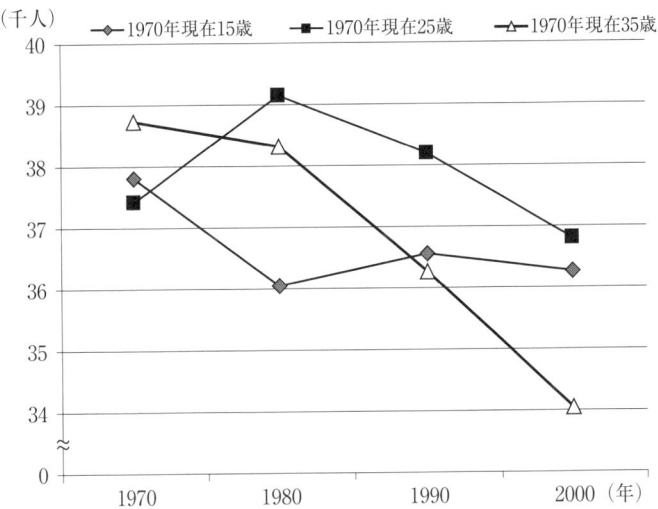

図表 補-5　平均年収にみる格差社会の増大

(単位：千円)

	正規雇用		正規雇用以外		パートタイム	
	男性	女性	男性	女性	男性	女性
～19歳	2,582	2,223	2,263	1,949	635	549
20～24	3,277	2,942	2,529	2,241	844	863
25～29	4,156	3,617	2,897	2,479	1,224	1,196
30～34	4,960	3,914	3,180	2,519	1,286	1,201
35～39	5,809	4,255	3,330	2,462	1,284	1,159
40～44	6,620	4,485	3,516	2,299	1,377	1,166
45～49	7,066	4,354	3,449	2,298	1,304	1,186
50～54	7,128	4,340	3,495	2,254	1,386	1,198
55～59	6,679	4,052	3,394	2,179	1,446	1,202
60～64	4,907	3,517	3,589	2,166	1,603	1,137
65～69	4,271	3,226	2,830	2,132	1,410	1,071
70歳～	4,885	3,585	2,708	1,988	1,295	951

出所：労働法令協会「賃金センサス台が卒業生（平成21年版）」

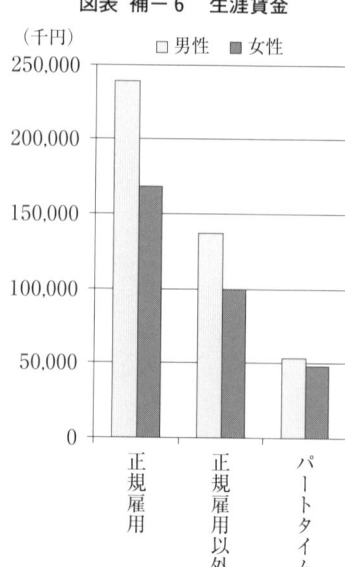

図表 補−6　生涯賃金

出所：労働法令協会「賃金センサス（平成21年版）」

この部分を正規雇用，非正規雇用，パートタイムで見てみると，年齢ごとの賃金差は，40歳・50歳代をピークに歴然である（図表 補−5）。生涯賃金も，正規雇用だと2億4,000万円近いのに対し，非正規雇用の場合だと1億3,000万円程度，パートタイム労働者の場合，5,000万円程度と歴然となる（図表 補−6）。

それでは，労働市場において，正規雇用の需要が狭いのかといえば，必ずしもそうとはいえない面がある。景気が悪い状態であれば別の問題があるが，景気が安定した場合ではむしろ，団塊世代の大量退職者に対して補充する必要があるのだ。むしろ，若者のほうに問題があるといえるだろう。離職率の推移を検討してみよう。

1989～2008年までの離職率の推移を参照（図表 補−7）すると，わずか3年で離職する率は30％を超えている。しかも，2年程度で退職する比率も高くなっている傾向がわかるだろう。年齢，性別ごとの入職と離職の比率を見ると，女性の退職率が30歳ぐらいまでは非常に高い。これは，ある意味，結婚退職の人が多いことが想定され，その是非は別として，止むを得ないものもあるが，他方で男性の退職率を参照しても，やはり高いことがうかがえる。七五三現象

補論1　最近の労働市場について　21

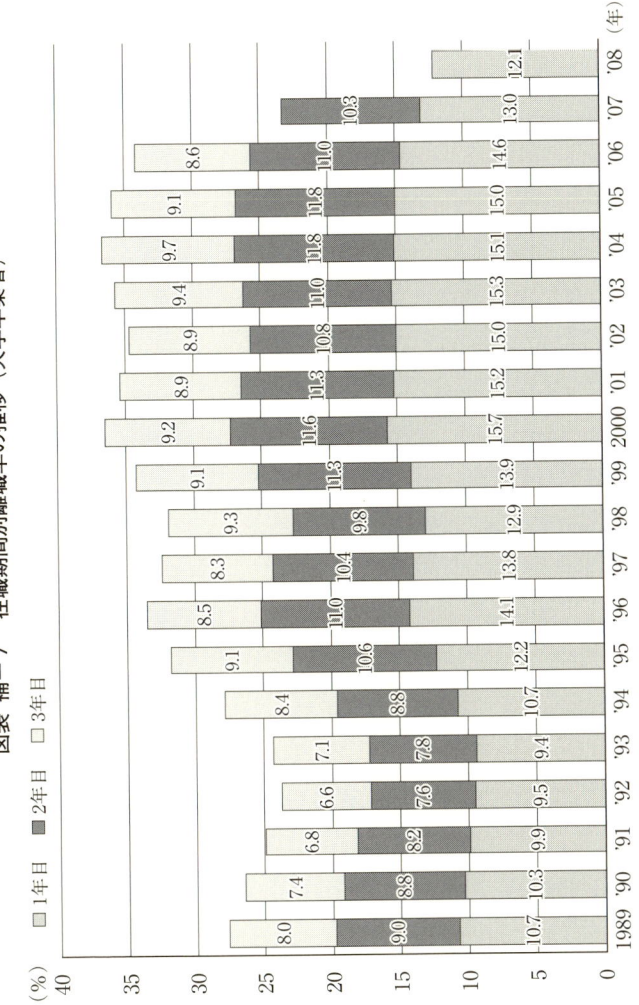

図表 補－7　在職期間別離職率の推移（大学卒業者）

ともいえるような，離職者の増加の問題に歯止めがかからない様子が判明する。

グラフを参照（図表 補-8）すると，1991年をピークとし，2008年に至るまで着実に減少の一途をたどっている。18歳人口が減少していくということは，それだけ労働市場に大きな影響を与えることである。

以上，統計から見た労働市場の動向について紹介してきた。以下で簡単に整理し，展望を提示しておきたい。

フリーター・ニートの問題は，貧困率，ワーキングプア，離職率，生涯賃金を含めた賃金格差など多分に大きな問題を抱えている。しかも，その問題は，今後，労働市場だけの問題だけでなく，治安，社会保障など多面的に大きな影響を及ぼしていくことになるだろう。

しかし，このように将来に向けて大きな問題を内包していながら，現在，行政や関係機関は，フリーター，ニート問題に解決策を見出せず，現在に至っている。行政や関係機関は逃げずに解決の糸口を考えていく必要があるだろう。

実は，このフリーターの増加は，一方で，日本経済の好不況の動向にも多分に影響するとは考えられるものの，他方で，フリーター，ニート自体の問題でもあるということを指摘しておきたい。ただ，ここで注意しておきたいのはフリーターやニートの個々人に問題があるか否かは疑問である。むしろ，彼ら個々人に対しては，しっかりとした教育を施すことで，就業へと導く必要があるということである。大学としての役割，生涯学習としての役割と発想の転換が求められる。

補論1 最近の労働市場について 23

図表 補−8 18歳人口の推移

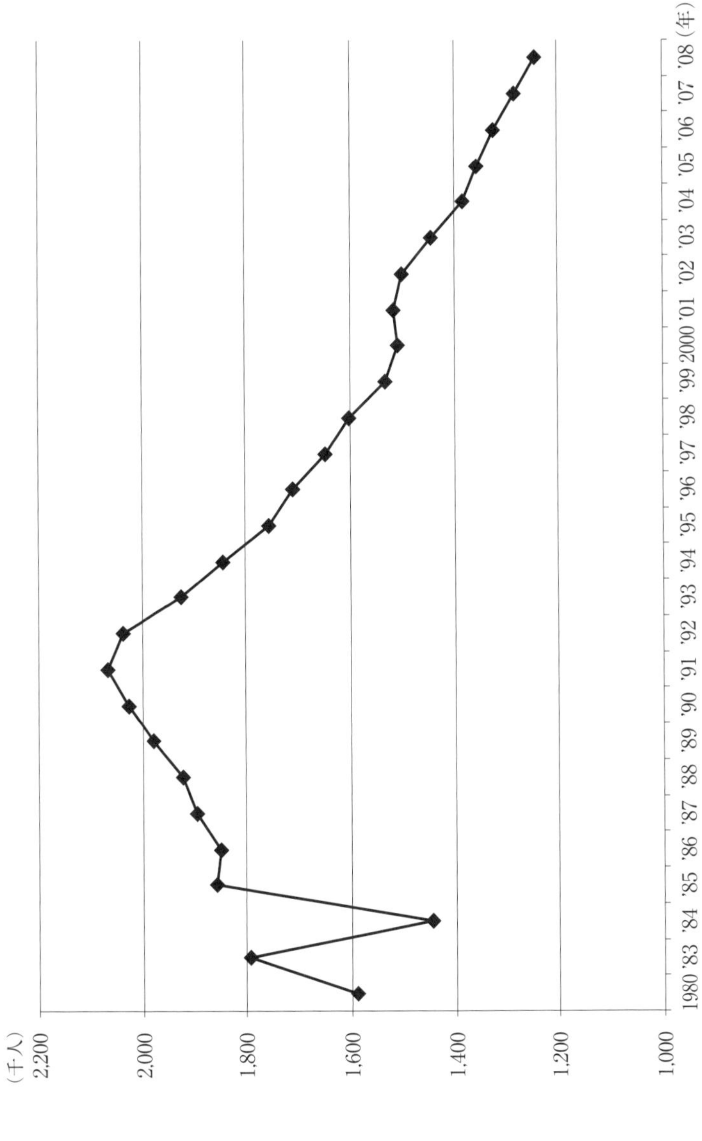

24　第1章　日本の経済状況と大学の現在

補論2　いかなる人材が企業で求められるのか

(1) 人材ニーズ調査の実施

　広島県再チャレンジ学習支援協議会は，2007～2008年度にかけて，中小企業大学校広島校の協力を得て，人材ニーズ調査を実施した。この広島県再チャレンジ学習支援協議会については後述することにし，人材ニーズ調査の内容を紹介しておくことにしたい。調査は，中小企業基盤整備機構の協力を得て6,000社近くにアンケートを発送し128社の回収を得ている。経済環境は常に変化するので，求められる人材も変化することはいうまでもないが，地元の一定のニーズを把握することができたという意味では有益である。

　特徴は，企業への人材ニーズだけでなく，第二新卒者や女性の再就職を見通したアンケートを含みこんだ点である。「これを入れると，回答率が低くなる」という意見も聞かれたが，せっかくの機会でもあるので，かかる内容を含めて本調査を実施した。このような調査は，一般的に回答率は10％程度といわれるが，今回の回答率（2％）が低かったのはこうしたことも理由にあるのだろう。そうはいうものの，これらを検討すると，いくつかの知見が得られたので，以下，紹介しておきたい。

　なお，参考までに本「人材ニーズ調査」に関する内容を参照されたい（図表 補-9）。

(2) 人材ニーズ調査の結果より

　人材ニーズ調査の結果については，私の同僚である竹元雅彦先生

図表 補-9 [人材ニーズ調査]

「個人情報の取り扱いについて」に同意していただける場合は「同意する」にチェックのうえ、アンケートにお答えください。

「個人情報の取り扱いについて」に　□ 同意する　　□ 同意しない

1. 個人情報の適切な保護と管理者
   広島県再チャレンジ学習支援協議会では、次の者を個人情報の保護管理者として任命し、お客様の個人情報を適切かつ安全に管理し、個人情報の漏洩、滅失又は、き損を防止する保護策を講じます。

2. 個人情報の利用目的
   本アンケートにてお預かりした、お客様の個人情報は、統計的に加工し調査・分析するためだけに利用いたします。
   個人の識別や特定ができない状態に加工した、統計的データを作成し、お客様のご判断にアンケートの詳細を問い合わせることがあります。

3. 個人情報の第三者への提供又は委託
   お客様の個人情報を向いたい場合、直接質問い合わせることがあります。
   (1) お客様の個人情報は、以下の場合を除き、ご本人の同意なしに第三者へ提供することはありません。
      ① 法令又は裁判所その他の政府機関より過去に開示又は提出を要求された場合
      ② 個人の識別や特定ができない状態に加工した、統計的なデータを作成した場合
   (2) お客様の個人情報は、以下下掲げる場合に限り、第4項に記載する条件に基づいて、弊社業務委託先に委託することがあります。
      ①特定の目的の当該能力のためにお客様から同意を得た場合

4. 委託する目的のため当該能力のある会社との守秘義務契約
   弊社の業務の全部または一部を外部に業務委託する際、弊社は、個人情報を適切に保護することを条件として委託をします。弊社は委託先として個人情報を適切に管理することができる管理体制を有し、実行に個人情報の秘密保持契約を締結し、機密保持契約を締結し、お客様の個人情報を厳密に管理しています。

5. お客様からの使用目的、削除等の申込みや訂正の要求をお行ったり、弊社がお客様の利用・提供・委託することを停止にいつい合わせ窓口にお申し出ることができます。その際は、弊社はお客様の個人情報に対応させていただいた上で、広島県内の期間内に対応いたします。

   広島県再チャレンジ学習支援協議会
   〒731-3195 広島県広島市安佐南区大塚東1-1-1 (広島修道大学)
   TEL: (受付時間 月～金 9:00～16:00) FAX:

人材ニーズアンケート

1. 会社の概要について、お尋ねします。
   (注) 事業所の場合は、できる限り事業所のみのベースでご回答下さい。

会社名			有	無
URL				
所在地	〒			
資本金			創業年	年
正社員数	(男性　　人)	(女性　　人)	合計	人
パート・アルバイト数	(男性　　人)	(女性　　人)	合計	人
ご担当者名	(所属　　　　　)		(お名前)	
電話番号	(　　) 　　 －			

該当する業種に○をつけて下さい。

製造業
1) 食料品　　　　　4) 金属製品
2) 自動車関連　　　5) 電気・機械
3) 一般機械　　　　6) その他製造業 (　　　　　)

非製造業
1) 医療・福祉　　　5) 卸売業
2) サービス業　　　6) 運輸・倉庫業
3) 小売業　　　　　7) その他非製造業 (　　　　　)
4) 建設業

【このアンケート上の定義】
- 正規雇用者とは
  特定の企業(雇用者)と継続的な雇用関係において、雇用者の元でフルタイムで従業する雇用形態
- 非正規雇用者とは
  パート・アルバイト・契約社員・派遣社員のような期間を定めた短期契約の職員を雇う雇用形態
- フリーターとは
  就労意欲のある35歳以下 (学生、主婦を除く) の非正規雇用者

2-1. 採用にあたり、重要と考えられる能力に順位をおつけください。

	正規雇用者として採用する場合	非正規雇用者として採用する場合
1）一般的な知識・常識		
2）自分のことを理解している		
3）社会経験		
4）コミュニケーション能力やマナー		
5）スキル（資格など）		
6）性格		

2-2. さらに詳しくお尋ねいたします。各項目ごとに重要と考えられる能力をお選びください。（各項目2つまで）該当する番号に○をつけて下さい。

	正規雇用者として採用する場合	非正規雇用者として登用する場合
1）一般的な知識・常識		
①社会常識		
②時事問題		
③業界情報		
④知識		
2）自分のことを理解している		
①自分のことがわかっている（自己分析）		
②自分の将来を展望している（ライフプラン）		
③言動や行動に無理がない		
3）社会経験		
①アルバイト		
②社会経験が豊富		
③営業経験		
④何かしっかりとした学習をしていること		
5）海外経験		
4）コミュニケーション能力やマナー		
①対話できる能力		
②ビジネスマナー		
④応募書類の作成・内容		
④挨拶・礼儀		
5）スキル		
①語学力・国際感覚		
②IT活用能力（基礎はワード・エクセルが打てる程度）		
③活用能力（応用力：レイアウトなどがきれいで、応用可能）		
④その他特定の資格		
6）性格		
①いつも笑顔で明るい		
②思慮深い		
③時間や約束を守り律儀		
④我慢強さ		
⑤前向き、積極的でチャレンジ精神旺盛		
⑥一つのことにこだわらない弾力性		
⑦何事も新しいことについて興味を持つ		
⑧誠実で努力する		
⑨自分の世界を持っている		

3．会社の組織として重要と考えられる能力を5つに○お選び下さい。

3-1．該当する番号を選んで○をつけて下さい。
①会社のことをいつも考えている
②会社のことが好きだ、誇りに思っている（愛社精神）
③倫理観

補論2　いかなる人材が企業で求められるのか

2) 個人的能力
①しっかりと自分の意見を言える（発信力）
②会社で何をしたいか、目標がわかっている。
③困ったことでもすぐに諦めない。
④会社の抱えている問題点を理解し、取り組める。
⑤自分を訴えることができる
⑥できないものはできないと断ることができる
⑦他の人が嫌がる仕事を積極的にする
⑧期待される仕事のプレッシャーを自分のものにできる
⑨任された仕事は残業してでもやりぬく

3) グループ能力
①他人の意見を尊重したり、不満があっても、決まったことは行う
②自分だけでなく、みんなと一緒に仕事をしようとする
③仕事に不満な人に納得いくまで説得できる
④自分の意見を主張できる
⑤上司の依頼や期待に応えるようにする
⑥先頭に立って行い、ひっぱっていく能力
⑦人の陰に隠れていても確実にやり通す力
⑧周りの雰囲気を読み取る能力、状況把握力
⑨いやな仕事でも我慢強くやり通す能力

3－2．仮に以下のような人材が応募した場合、採用を考えますか。採用を考えるとしたら年齢層はどれに相当しますか。○を付けてください

	新卒者	20代	30代	40代以上	契約職員として
英会話や英文を読むことができる、英語が堪能					
中国語が堪能					
韓国語が堪能					
上記以外の外国語が堪能					
仕事理解が早く、40〜50人程度を束ねることができる					

一瞬のうちに雰囲気を明るくできる
社長などとの良き理解者であり、アドバイザーになりうる
会計事務に堪能
すぐにでも20〜30人を集めることができる
海外（どこでも）に10年以上滞在しても構わないという
直接仕事に関係ないが、雑学（知識）に詳しかったり、手品などができる
IT能力が堪能で、ワード、エクセルはもちろん、ホームページなども管理できる
その他（何か特定の才能がありましたらお書きください）。

4．転職希望者、第二新卒者の採用について考えをお尋ねします。過去フリーターと呼称します。

4－1．フリーターを採用したことがありますか。

過去フリーターを採用したことがある　　過去フリーターを採用したことがない

4－2．フリーターを、正規採用の対象とする場合、想定した番号を選んで○をつけてください。

1) 応募者がフリーターであることは問題ないので、採用対象として検討できる　⇒4－3へ
2) フリーターは、採用対象として検討できない。　⇒4－4へ
3) どちらともいえない。　⇒4－5へ

4－3．1で（　1　）と、回答いただいた方に、お尋ねいたします。該当する番号を選んで○をつけてください。
①未経験者への研修制度が充実しているので、検討対象とすることが出来る。

28　第1章　日本の経済状況と大学の現在

② 35歳以下の人材が不足しているので、検討対象とすることが出来る。
③ 20歳代であれば、検討対象となる。
④ 成功事例があり、検討対象とすることが出来る。
⑤ 経験・資格をあまり必要としないので、検討対象とすることが出来る。
⑥ その他　具体的に：

次ページの質問5へ

4-4．1)で 2) と、回答いただいた方に、お尋ねいたします。
該当する番号を選んで○をつけて下さい。

① 過去に採用面接を実施したが、企業研究、職務内容の確認が不十分ではないため、検討できない。
② 過去に採用実績があるが、うまく活用できなかったため、検討できない。
③ 応募者がいないため、検討できない。
④ その他　具体的に：

次ページの質問5へ

4-5．1)で 3) と、回答いただいた方に、お尋ねいたします。
具体的に：

5．採用の実績と計画を、お尋ねします。

5-1．2007年度の採用実績をお聞かせ下さい。

職種	正社員		パート・アルバイト等	
	募集人数	決定人数	募集人数	決定人数
1) 技術系のしごと（IT関連）				
2) 技術系のしごと（IT関連以外）				
3) 専門系のしごと（医療）				
4) 専門系のしごと（福祉）				
5) 専門系のしごと（医療・福祉以外）				
6) 管理系のしごと				
7) 事務系のしごと				
8) 営業・販売系のしごと				
9) サービス系のしごと（飲食店・接客）				
10) サービス系のしごと（家事援助サービス）				
11) サービス系のしごと（飲食店・接客、家事援助サービス以外）				

5-2．2008年度の採用計画をお聞かせ下さい。

職種	正社員		パート・アルバイト等	
	募集人数	決定人数	募集人数	決定人数
1) 技術系のしごと（IT関連）				
2) 技術系のしごと（IT関連以外）				
3) 専門系のしごと（医療）				
4) 専門系のしごと（福祉）				
5) 専門系のしごと（医療・福祉以外）				
6) 管理系のしごと				
7) 事務系のしごと				
8) 営業・販売系のしごと				
9) サービス系のしごと（飲食店・接客）				
10) サービス系のしごと（家事援助サービス）				
11) サービス系のしごと（飲食店・接客、家事援助サービス以外）				
12) 製造系のしごと				
13) その他のしごと（具体的に：）				

5-3．採用面接の形式について、お尋ねします。
実施する項目に○をつけて下さい。（いくつでも）

職種分類　出典：厚生労働省職業安定局　しごと情報ネット

補論2　いかなる人材が企業で求められるのか

	[正規雇用者を採用する場合]	[非正規雇用者を採用する場合]
1) 性格適性検査		
2) IQテスト [言語系、非言語系]		
3) 作文		
4) 筆記試験		
5) 面接		
面接回数	回　～　回	回　～　回

5-4. 求人理由について、お尋ねします。
該当する番号を選んで○をつけて下さい。（いくつでも）

	[正規雇用者を採用する場合]	[非正規雇用者を採用する場合]
採用計画に基づき募集		
増員のため募集		
欠員補充のため募集		
職務内容が定型的であるため		
職務内容が非定型的であるため		
職務内容は定型的だが、業務量が不足しているため		
その他　具体的に：		

5-5. 採用に当たり資格を重視されますか。該当する番号を選んで○をつけて下さい。
また、重視される資格がある場合、その資格名を記入下さい。（いくつでも）

[正規雇用者を採用する場合]	[非正規雇用者を採用する場合]
1) 重視する資格がある　具体的に：	1) 重視する資格がある　具体的に：
(　　　　)(　　　　)(　　　　)	(　　　　)(　　　　)(　　　　)
2) 重視する資格はない	2) 重視する資格はない

6. 非正規雇用者を、正規雇用者に登用する可能性はあるでしょうか。　⇒6-2へ
1) 非正規雇用者を、正規雇用者に登用する可能性はある。　　　　　⇒6-3へ
2) 非正規雇用者を、正規雇用者に登用する可能性はない。

6-1. で1) と、回答いただいた方に、お尋ねいたします。
該当する番号を選んで○をつけて下さい。

1) 他のアルバイト・パート等の社員と比較し、業績、勤務態度などが良い場合、検討できる。
2) 一定期間が経過し、問題が無ければ、検討できる。
3) 社内制度として導入している、または導入予定があるので、検討できる。
4) その他　具体的に：

6-2. で1)と、回答いただいた方に、お尋ねいたします。
該当する番号を選んで○をつけて下さい。

1) 社風・過去事例などから、検討できない。
2) 想定できる職種がないため、検討できない。
3) その他　具体的に：

6-4. 採用、教育、人事制度のあり方などを記載いただければ幸いです。

_____
_____

7. 雇用のミスマッチ解消に関して、国や県への要望はございますか。該当する番号を選んで○をつけて下さい。(いくつでも)

1)	求職者に対する能力開発の支援
2)	従業員に対する能力開発の支援
3)	勤労者福祉対策の充実
4)	従業員の再就職支援等労働移動の円滑化
5)	雇用労働関係の情報サービスの充実
6)	就業支援策の充実
7)	雇用関係の助成金・補助金の充実
8)	中小企業の経営安定を意図した経済安定政策

雇用のミスマッチなど雇用に関するご意見・ご要望がございましたら、ご自由にご記入願います。

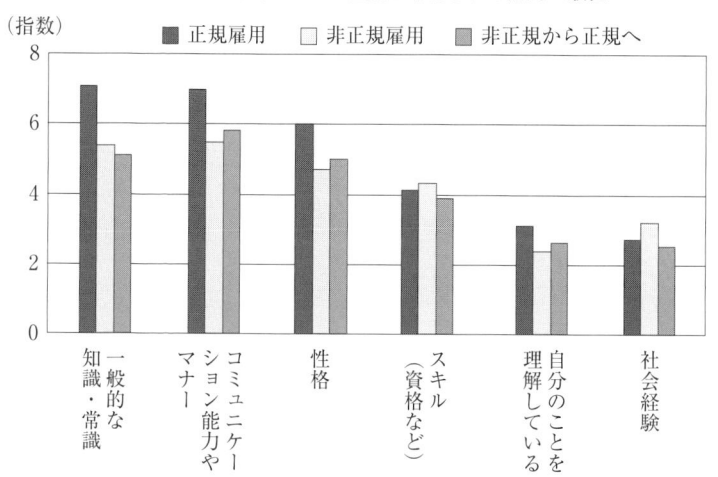

図表 補−10　採用にあたり重要と考えられる能力の順位

（指数）
■ 正規雇用　□ 非正規雇用　■ 非正規から正規へ

横軸項目（左から）：
- 一般的な知識・常識
- コミュニケーション能力やマナー
- 性格
- スキル（資格など）
- 自分のことを理解している
- 社会経験

注：指数＝順位の総数（1位を6，2位を5…とした回答の総数）÷128（回答数）÷6（選択肢）×100

に分析を依頼した。快く分析していただいた同先生に感謝申し上げたい。今回の叙述は，この竹元先生の分析結果に基づいていることをあらかじめお断りし，ポイントだけ紹介しておきたい。

①採用にあたり重要と考えられる能力

人材ニーズ調査で必ずといって出される質問であり，おおよそ予測のつく結果である（図表 補−10）。「一般的な知識・常識（社会常識）」「コミュニケーション能力（挨拶，礼儀），協調性」「性格」などが挙げられる。また，スキル能力は大きなウエートを占めていないが，「IT活用能力」は必須になっている。

大きなウエートを占めている「コミュニケーション能力」を参照すると，図表 補−11のグラフとおりとなる。

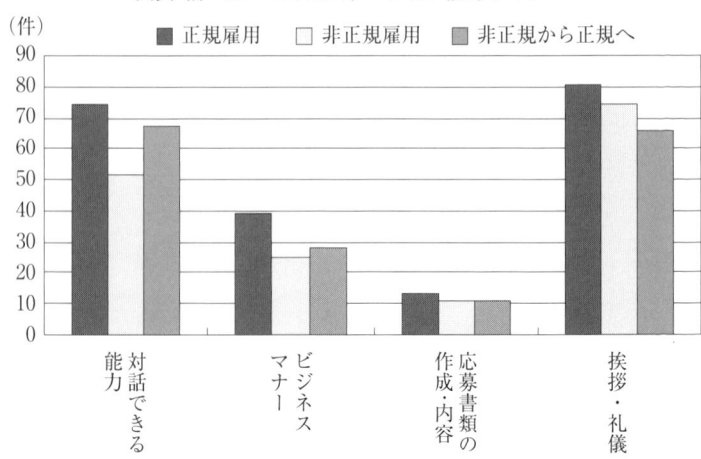

図表 補-11　コミュニケーション能力やマナー

■ 正規雇用　□ 非正規雇用　■ 非正規から正規へ

(縦軸: 件, 0〜90)

横軸項目: 対話できる能力 / ビジネスマナー / 応募書類の作成・内容 / 挨拶・礼儀

　同グラフを参照すると,「挨拶・礼儀」が必要であることはいうまでもないが, 注目すべきは,「対話できる能力」である。非正規雇用では, この能力はあまり求められないが, 正規雇用を考えると大切である。つまり, 非正規雇用の場合は, 与えられた仕事さえすればよく, 対話の必要がないが, 正規雇用ではそうとはいかないということだろう。

　また, 性格の部分でも似たような傾向を見ることができる (図表補-12)。いつも「笑顔で明るい」「誠実で努力する」は一般的に好感のもてる性格になるのだろうが,「前向き積極的でチャレンジ精神旺盛」は, 正規雇用には求められるものの, 非正規雇用では求められない。基本的に非正規雇用に対しては,「まずは与えられた仕事をこなしさえすればよい」という印象で, 正規雇用とは見る眼が異なっていることがわかるだろう。つまり, 非正規雇用者は, 良い

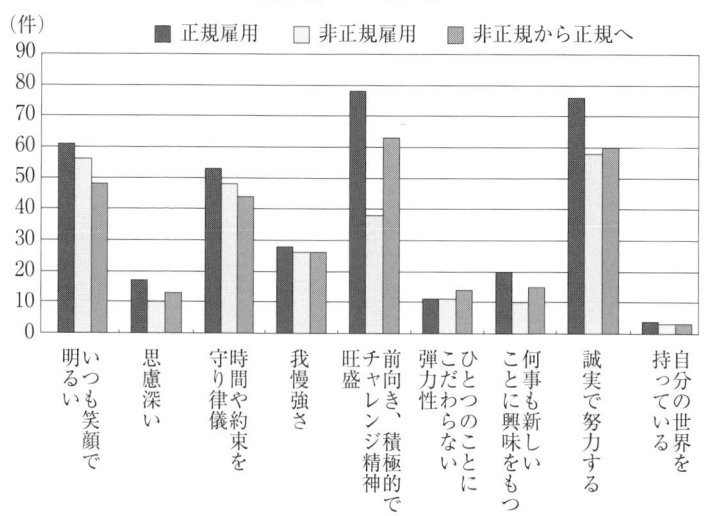

図表 補−12　性　格

(件)
■ 正規雇用　□ 非正規雇用　■ 非正規から正規へ

横軸項目：いつも笑顔で明るい／思慮深い／時間や約束を守り律儀／我慢強さ／前向き、チャレンジ精神旺盛／弾力性／ひとつのことにこだわらない／何事も新しいことに興味をもつ／誠実で努力する／自分の世界を持っている

意味でも悪い意味でも与えられた仕事を着実にこなすことが求められ，スキルアップは求められていないことがわかるだろう。この考えは，先の「コミュニケーション能力」に通じるところがある。具体的な採用に際しても，「面接重視」が指摘されていることからも，こういったコミュニケーション能力が重視されている。

　次に，「仮に以下のような人材がいたとき採用を考えるか」というアンケートの回答として，以下のような結果を生んでいる（図表補-13）。これを参照すると二つのことが注目できる。一つは，新卒者や若年者は，「一瞬のうちに雰囲気を明るくできる」「IT 能力が堪能」が採用を考える人材として多いが，30代は「会計事務に堪能」，40代は「仕事の理解が早く40～50人を束ねることができる」「社長のよき理解者兼アドバイザー」となる。

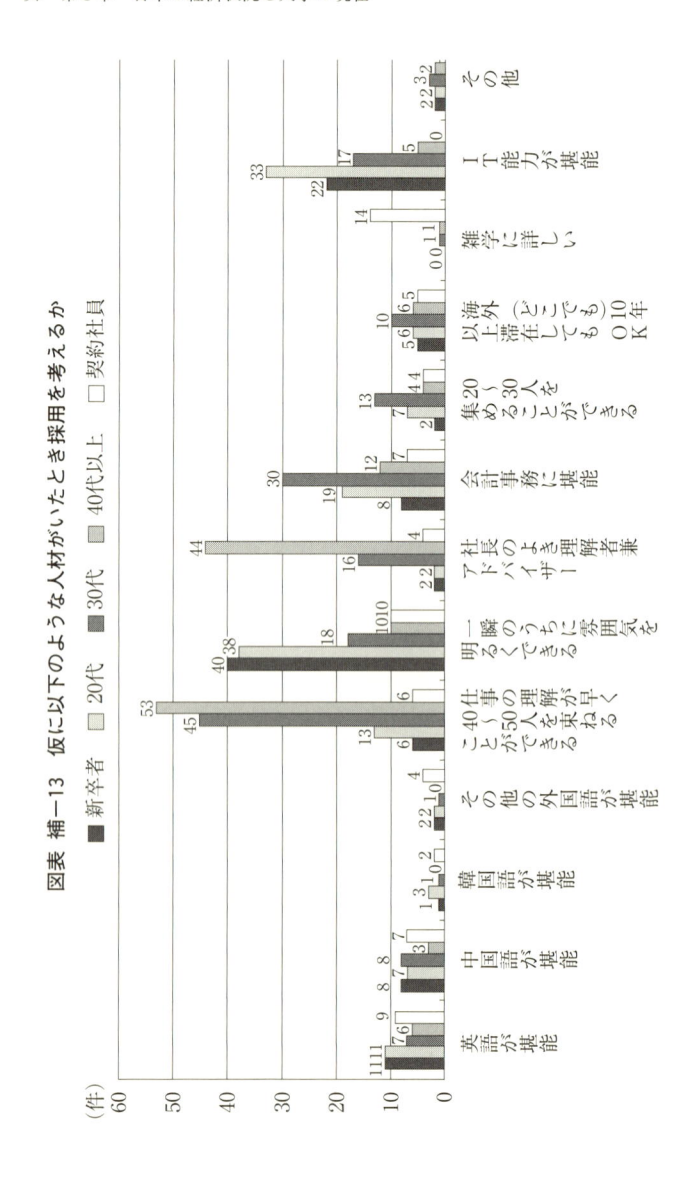

34　第1章　日本の経済状況と大学の現在

図表 補-13　仮に以下のような人材がいたとき採用を考えるか

■新卒者　□20代　■30代　■40代以上　□契約社員

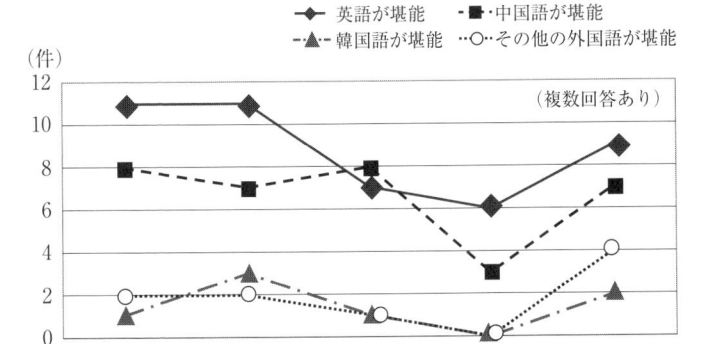

図表 補−14　採用時にみている語学力

- ◆ 英語が堪能
- ■ 中国語が堪能
- ▲ 韓国語が堪能
- ○ その他の外国語が堪能

（件）（複数回答あり）

横軸：新卒者／20代／30代／40代以上／契約社員

このように，新卒者にはITスキル（基本業務ができる）や，元気のよい人を対象とした採用が多い。つまり，業務に対する積極性が問われている。それが，30代になると，事務能力といった経験，実績，専門性が求められる。そして，40代になると，ジェネラリストやマネジメント能力を有する人材が期待されている。特に中小企業では，一緒に考えてくれるような存在が必要とされるが，なかなか人材を得がたいことが課題として浮き彫りになっている。

また，グラフ総体としては少数だが，「採用時に見ている語学力」として分析すると，「英語が堪能」と「中国語が堪能」がほぼ同数となっている。これは，広島県域の製造業では，中国語圏への工場進出や取引拡大が進んでおり，そういったことから，英語だけでなく，中国語のニーズがあるものと考えられる（図表 補−14）。広島の経済事情を示すものといえるだろう。

最後に，コメントを紹介しよう。「資格はなくても達成に向けて

の把握と展開。何をすれば不足なく処理することができる能力をもった人であれば教育制度にて資格を得ることもできるが，そういう人は少ない。言い訳をするが，不足事項が多くて手間をとる。中途半端に終わらせる人が多い。リーダーシップをもつ人が少ない。集中力がない等，人材を確保する企業にとっては頭が痛いことであり，会社に入って教育してもらう依頼心を捨て，人としての人格を身につけてトライしてほしいと思う。最近は常識を常識と思わない人が多い」「その人の基本的しつけができているかどうかである。抽象的表現かもしれないが，別の具体的言葉を使うならば家庭で本来授けられている挨拶，礼儀，謙虚，素直さなどであろうか。資格などはないよりもいいだろうが，決定的要素ではない。むしろ，それらを含めた実際のビジネス上の複雑な雑務の処理能力である。そこには，冒頭で書いた基本的なしつけをベースにした人間関係処理能力が最も問われることになる。そこそこの技能スキルは金で買えるが，人格的人間的素養を備えた器をもった教えがいのある人間はなかなか得がたい」。

　このように，多くは個々人の資質が，就職に際して重要なポイントであることを指摘する。「中期計画に基づいた採用計画のもと，取り組むことが必要と考える。中小企業になればなるほど教育にかける時間・費用の余裕がなくなることから，新卒者に対して学校での充実した教育，中途採用の場合は本人の自助努力を要すると考える。また，最近の若年層に多いと思われる，『取り敢えず就職して気に入らなければやめればいい』という考えをもたせないような日頃からの教育が必要と思う」と，中小企業などでは研修が手薄となりがちという課題を抱えているとの指摘も見逃せない。

（3）第二新卒者に対する人材ニーズ

①第二新卒者の採用実績

　第二新卒者の採用実績は，広島では4割程度である。ただ，「採用対象としては検討できる」としたのが8割を超えており，決して採用を検討していないわけではないようだ。コメントなどを参照しても，三つの部分で注目できる。

　一つ目は，「面接してみて当社に合うと思えば採用する事もある」「求職者の人間性がポイントである」と，採用は本人次第であるという点である。本人の人間性を重視し採用・不採用が決定されるということだ。

　二つ目は，現在までのキャリアが問題となる。たとえば，「若年層であれば検討できる。特にアルバイトの時期があってもキャリアの積み上げができていれば選考を受けていただいている」とか「何かをしたいと思い仕事に就けなかったのか？　何の目的もなくだらだらと生活しているのか？　フリーターの内容に相違があると思う」などという意見があるように，現在までの過程で，「何をやってきたのか」が問われている。実際，「キャリアビジョンをもち，キャリアの積み上げをしてきた方ならばいくら転職歴があってもマイナス評価にはならないが，逆に正社員から派遣，パートへとキャリアをくずしている方は評価しない」「特別の能力を期待するものではなく，他人よりも少し向上心，自己規制力，社会人としての円満な常識，そして，他人への思いやりのある人間を採用したい。また，他人よりも苦労を重ねてきた人（生活，人間関係等）で懸命に生きようとしている人を見つけたい」という意見が出されている。

三つ目は，フリーター，第二新卒者に対するイメージである。これは，本人の資質には直接関係ないが，実は重要な部分である。経験的に一度彼らを採用しても，すぐに退職してしまう場合，そして，それが「努力せずにすぐに転職を考える」「自分，家族，社会の責任感の欠如」などといった点に求められるとすれば，イメージはさらに悪くなる。本人がどんなにすばらしくても，一括してフリーターとして理解されることになりかねない。おそらく，上記の理由での退職は，新卒者においてもあるのだろうが，「それがフリーター」だと強くいわれるのだ。こうした点は止むを得ない現象だが，この意識を変えることなしに，フリーターに対する雇用の拡大はありえないだろう。

②雇用のミスマッチに対する企業側の意見

七五三現象といわれるように，就職したあと，すぐに退職する人が多いことが社会問題になっている。これを，企業の求める人材と，働き手の企業へのイメージのズレということで，「雇用のミスマッチ」などといわれるところである。アンケートでも指摘するように「洋服に関心があっても接客に関心がない人が多いのも困る。このままでは出店ができなくなる」と，「好きである」ことと「営業する」ことの違いなどを認識することも大事である。

こうした認識のズレとして判断する問題について，企業側の意見は厳しい。そもそも，「行政側に期待することはない。税金の無駄遣いにしかならない」とか，「行政が雇用のミスマッチ解消まで携わる必要があるのか疑問。行政の肥大化を改め，税金の効率的運用を！」と指摘する。さらに，「学校の規律が守れる生徒を社会に

送ってほしい」「高卒でも小学校低学年レベルの生徒も多くいる。先生は何をしているのか」と，マナー・行儀ができていないことも指摘される。当たり前のことができていないということだ。また，「食べるに困る環境があれば必然的にミスマッチもフリーターも減少すると思います。そう思えば，真の失業者に対する施策も見えてくるのではと考えます。ミスマッチ，フリーター等，言葉遊びはそろそろやめる時期が来ているのでは」と，働こうとする若者の「甘え」に原因を求める指摘が多くある。

また，製造業の提案によれば，「看護学生や美容系の見習いのように製造業においても日中働きながら（会社へ就職し正社員として雇用），夜間や休日など2カ月〜半年のレベルで技術や資格を身につけることができればと思う。平日受講の場合は，賃金の負担がないように助成されるなど，そうすれば資格や経験のない人でも企業としては本人のやるきがあれば雇用できるし，しやすくなる」というような，スキルアップの方法を検討することが期待されている。また，「せめて，就職希望者は仕事を通して自分が自分を育てていこうという精神的姿勢を（せめて基本的にでも）もってもらいたいものだ」と，自学によるスキルアップを期待している。

（4）女性の再就職について

結婚，出産，育児，介護などのさまざまな理由により，仕事を退職した女性の再就職について，アンケートを実施したところ，55％の企業は女性の再就職希望者を採用している。ただ，そのうち85％は非正規雇用である。その意味では，正規雇用は難しい。

ただ，女性の雇用に対する企業の期待は高い（図表 補-15）。再

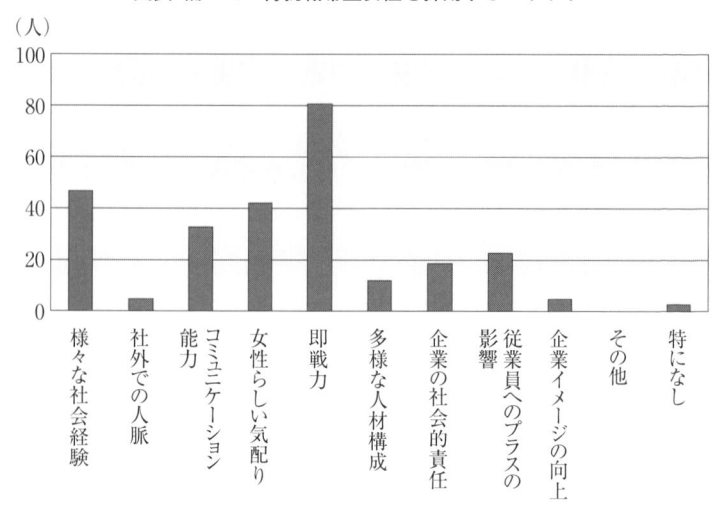

図表 補−15 再就職希望女性を採用するメリット

(人)

グラフの項目（左から）：様々な社会経験、社外での人脈、コミュニケーション能力、女性らしい気配り、即戦力、多様な人材構成、企業の社会的責任、従業員へのプラスの影響、企業イメージの向上、その他、特になし

就職希望女性を採用するメリットでは，「即戦力」「さまざまな社会経験」が挙げられる。こうしたことが背景として，再就職の採用では，「一般的な知識」や「常識やマナー」だけでなく，「専門的なスキル」や「IT能力」などといった高度な実務能力が期待される。図表 補−16がそれを示している。

しかし，不安な面も少なからずある（図表 補−17）。特に，正規雇用の採用を考えるとき，「子育てとの両立，家族の協力」が不安点として挙げられる。

また，支援制度の整備・導入状況を参照しておこう（図表 補−18）。これらの要件は，女性が職場で活躍するための要件ともいえるが，いずれの支援制度の導入も理解が低いといってよいだろう。理由は，企業として余裕がないこともあるだろうし，支援していくことに難しい面もあるのだろう。

補論2　いかなる人材が企業で求められるのか　41

図表 補−16　再就職希望女性の採用にあたり何を重要視するか

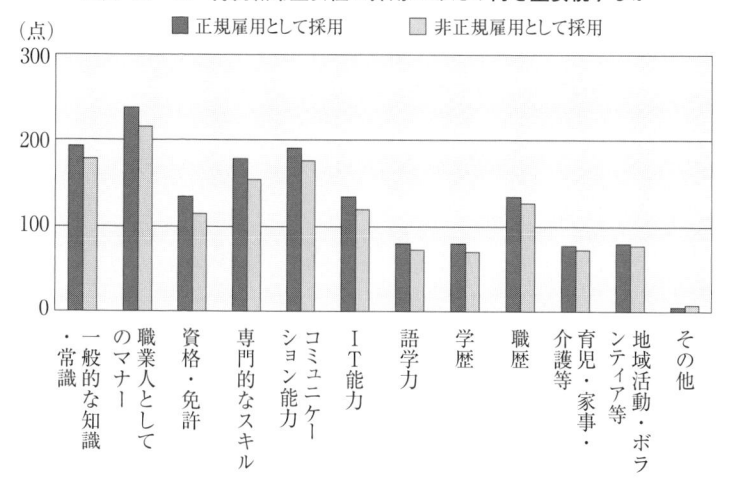

（点）
- 正規雇用として採用
- 非正規雇用として採用

項目（左から）：
- 一般的な知識・常識
- 職業人としてのマナー
- 資格・免許
- 専門的なスキル
- コミュニケーション能力
- IT能力
- 語学力
- 学歴
- 職歴
- 育児・家事・介護等
- 地域活動・ボランティア等
- その他

図表 補−17　再就職希望女性の採用にあたり不安な点

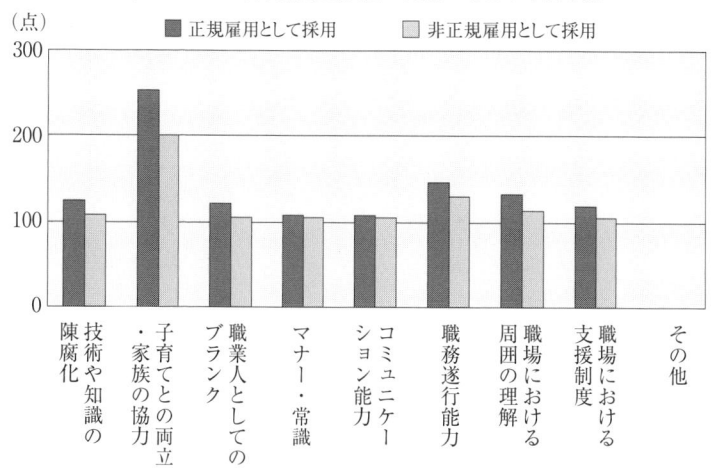

（点）
- 正規雇用として採用
- 非正規雇用として採用

項目（左から）：
- 技術や知識の陳腐化
- 子育てとの両立・家族の協力
- 職業人としてのブランク
- マナー・常識
- コミュニケーション能力
- 職務遂行能力
- 職場における周囲の理解
- 職場における支援制度
- その他

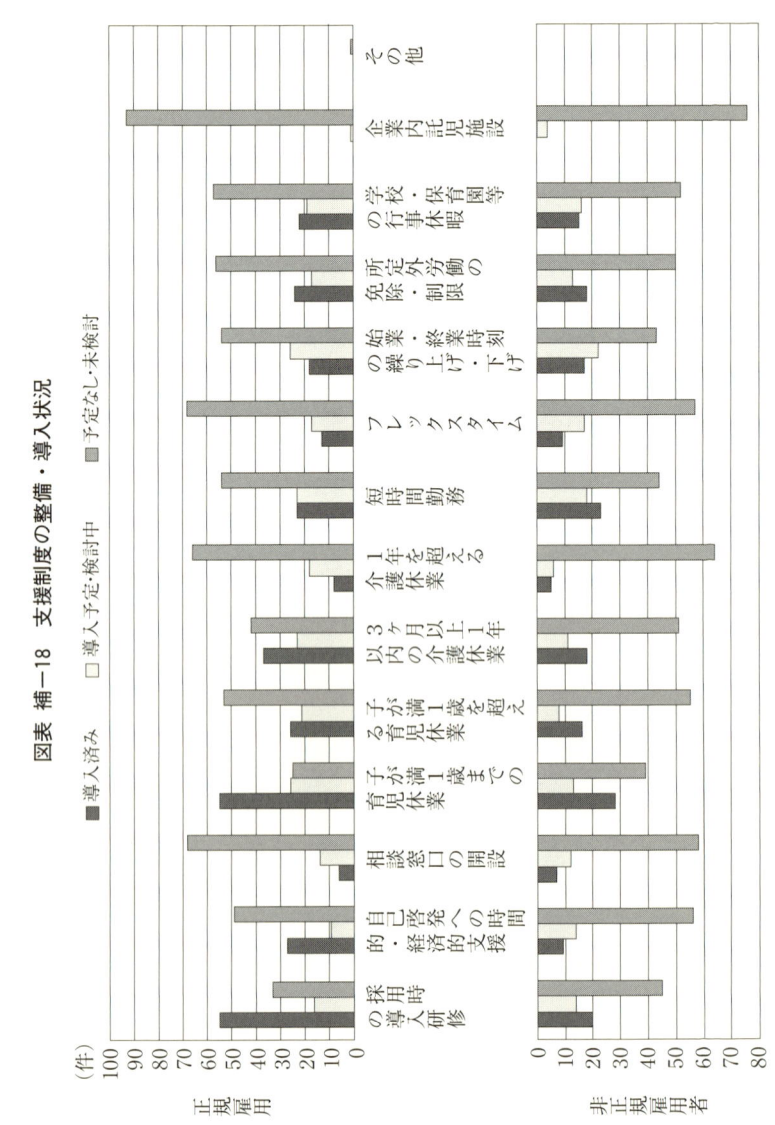

42 第1章 日本の経済状況と大学の現在

図表 補-18 支援制度の整備・導入状況

■導入済み　□導入予定・検討中　■予定なし・未検討

企業としては，「再就職に限らず，育休後の職場復帰で女性が一番苦労することは家庭，育児との両立です。すべてを完璧にこなすことは不可能です。男女雇用機会均等になり，家庭や育児優先で仕事をするという姿勢では企業にとって使いにくい人材です。企業の努力も必要ですが，それに甘んじることなく仕事はこなすべきです。家庭や育児は手抜き（第三者に頼る）をするくらいの姿勢で再就職（職場復帰）すべきです。その姿勢があれば企業側の歩み寄りもあるはずです」などと述べている。厳しい意見だが，是非は別として，現在の企業の立場とすればこれが現実なのだ。

　ただ，「勤務できる時間を明確にする」「他社と比較して社員にしゃべらない」「他人のことをあれこれいわない！」などという意見がある一方，「今後の少子高齢化社会のなかで，女性は重要な戦力となりうる」とか，「人材確保に相当苦労しているため，OB・OGを再雇用するケースが多々ある。未経験者を雇用するより経験者であれば即戦力として考えられる。他社の経験でも雇用すれば未経験者よりは会社への貢献度は大きいはず」など前向きの意見も多くあった。さらに，「本当に希望する職種，優良な職場環境の企業を見つけて就職することは少し厳しい面もあるかと思いますが，必ずそれに近い就職先はあると考えますから希望をもって再就職に取り組んでください」「気持ちよく働ける環境またはそのような環境にしようと考える日がふえてきていると感じますので，そのような職場をがんばって探してください」などという意見が指摘される。

　このように，再就職を考えている女性に対しては，育児で忙殺する分，時間をやりくりすることで，就業に向けた準備や学び直しが可能であり，有益なことがわかるだろう。

（5）まとめ

　冒頭でも紹介したとおり，この人材ニーズ調査は，2007〜2008年度にかけて企業を対象に実施したものである。よって，2008年度以降の世界経済危機以降のものではなく，比較的景気が上向きの時期のアンケート結果である。当時，景気が上向きで，しかも団塊世代が大量に退職することで雇用状況は非常に明るいものであった。

　以上のことを念頭にすえて，この人材ニーズ調査をふり返ると，フリーターや女性に対する指摘は厳しい。決して高い評価とはいえないだろう。だから，その後の不況期は，フリーターに対する風当たりは一層厳しい。ただ，他方で，フリーターや再就職を考えている女性も多くいることも確かである。前向きに考えれば，彼らが人材としてキャリアアップし，企業に就職することが，企業への活力にもつながることになる。

　フリーターについて，企業からは厳しい批判にさらされることが多いが，一概にそうともいえない人もたくさんいる。真面目で一生懸命でも，自分を上手に表現できない人もたくさんいる。有り体にいってしまえば，大学までで学習してきたことと，企業が求めている能力とは必ずしも一致していない。もちろん，学校教育は企業人を育成するための場ではない。だから，一致する必要がないのも確かである。ただ，そうはいうものの，多くの人が社会人としての営みをしていく必要があるのだから，それなりの準備やフォローが必要である。こうした取り組みとして，自己認識やマインドアップ，さらにはコミュニケーション力の向上などが必要となっている。そしてまた，そのための自身で学習する場を保障していくことが重要になるのである。

第2章　大学の挑戦

1．広島修道大学学術交流センターの設立

　2008年4月，広島修道大学（以下「本学」と表記）は，本学教員の知的資源をいかすことを目的に，「学術交流センター」を設立した。この学術交流センターの性格は三つある。

　一つは，研究支援事業である。前身である総合研究所が取り組んでいた科学研究費の受け入れや研究・出版助成，公開講座の開催，資料収集などを継承し，さらに，学術講演会や紀要の編集などを包摂した。それに地域連携・地域貢献と生涯学習の二つの要素を新たに加えている。

　本学において，地域連携や生涯学習は，個々の取り組みとして行なわれたものの，大学全体として充分に推進されたとは言い難かった。このため，学術交流センターが主体となり，積極的に事業を推進することを意図したのである。

　地域連携や生涯学習は，いずれも大きな意味をもつので，個々の事業が推進されれば，いずれ独立するだろう。その意味では，現在の学術交流センターは一過性のものである。

　地域貢献事業や生涯学習事業を具体的に推進するにしても，課題

は山積している。他大学のエクステンション事業の事例を聞いても，必ずしも収益事業になるとは限らない。むしろ収支は赤字のところが多いようだ。まさに，地域貢献である。ただ，大学改革で多くの教員が苦労されるなか，さらにエクステンションへの協力を強く呼びかけるのは，大学総体から見たとき必ずしも有益とは限らない。大学教員は，まずは学生への教育を重視すべきである。その意味で，リスクを最小限に留め，間違いのない程度で実施することが求められるだろう。

社会貢献事業のあり方をめぐり，暗中模索のなか学術交流センターが推進したのが，文部科学省の委託事業として実施した二つの「再チャレンジ支援事業」である。

本学が推進している再チャレンジ支援事業とは，安倍晋三内閣が推進した「再チャレンジ可能な社会」を目指した取り組みを念頭に据えている。「再チャレンジ」という表現として必ずしも賛成できないし，もはや死語ともいえるが，含意している意味には共感する。

2007年度，再チャレンジ支援策の一貫として，文部科学省は「社会人の学び直しニーズ対応推進プログラム」（高等教育局）と「再チャレンジのための学習支援システムの構築」事業（生涯学習政策局）の二つを委託事業として公募した。これを受け，前者は「地元ニーズを踏まえた『就職氷河期世代』の再教育・就職プログラム」（＝通称「修大再チャレンジプログラム」）として，後者は「広島県再チャレンジ学習支援協議会」の事務局として本学が採択されたものである。前者の代表が私（著者）で，後者は学長が会長に就任したが，実質を担うのは私である。このため，文部科学省の生涯学習政

策局からのヒアリングでは,「スーパーマンでもないのに二つの事業をこなすのは困難」と, 過重な負担を心配される有様であった。

2．広島修道大学が実施した二つの取り組み

簡単に二つの事業を紹介しておきたい。仕組みについては, 図表2 - 1を参照されたい。

「修大再チャレンジプログラム」は, 就職氷河期世代（35歳程度まで）の若年フリーターを対象とし, 学部講義を5講義, チャレンジ講演会を5回（うち一度は学生企画）, チャレンジゼミ（キャリア講義）, 資格取得の4分野について, いずれも一定度の基準を達した段階で, 修了証（および履修証明書）を発行するものである。そして, キャリアコンサルタントの資格を有するアドバイザーを通じて就職支援を行なう。2007年度後期から開講し, 2009年度で終了するが, 5期行なわれ受講生は132名となった。

また,「広島県再チャレンジ学習支援協議会」（図表2－2）は, より地域に向けられたものであり, 便利帳の作成や学習相談室の開設をはじめ, ニート保護者向け講座, 社会人基礎力講座, 資格取得入門講座, 子育て後の就業支援を目的とした身近なチャレンジ講座, 女性のためのステップアップ支援講座, メンター養成講座などさまざまな再チャレンジ講座を, 1～7回程度を一つのプログラムにして, 広島市を中心とした県下各地で実施した。各種講座によって数に多少はあるものの, 約2年半で, 87講座を開設し, 2,357名の応募者, 受講生も1,493名を得た（修了者1,373名）。こちらは本学が事務局を担い, 具体的な事業の計画推進も含め担当した。学習相

図表2-1 修大再チャレンジプログラム

「地元ニーズを踏まえた『就職氷河期世代』の再教育・就職プログラム』開発と実施

本プログラムの意義	①大学に通い学び直すことで,就職への意欲を高める ②単位,資格を取得することで,キャリアアップ・達成感を得る ③本人と直接相談しながら就職支援

就職氷河期世代の離職者・フリーター

受講生

修大再チャレンジプログラム

学部講義	資格指導	チャレンジ講座	チャレンジ講演会
学部の講義を活用した「キャリア支援コース」または「特定テーマ履修コース」による学修	簿記または情報処理の基礎を学修 *全員にパソコン貸与	徹底した個別指導とグループワークで就職に向けての基礎力を高める	テーマ別講演会などの聴講,レポート提出学生(受講生)企画で行う講演会

大学でのキャリア形成を目指した実践型教育

| 単位 | 資格 | 受講評価 | レポート評価 |

半年でプログラム修了
所定の修了要件を満たせば
修道キャリアプログラム修了証・履修証明書を発行

専従のキャリアアドバイザー・プログラムスタッフが
再就職をバックアップ！

再チャレンジプログラム円卓会議メンバーとして地元ニーズを指摘・就職支援

関係団体がバックアップ

- 広島労働局職業安定部
- 広島県商工労働局雇用人材確保課
- 広島商工会議所
- 独立行政法人雇用・能力開発機構広島センター
- 広島県経営者協会
- 広島県中小企業団体中央会
- 広島県商工会連合会

図表2-2　広島県再チャレンジ学習支援協議会 HP

再チャレンジやキャリアアップを目指す,広島県内の女性・若者・中高年を対象に学習支援

○ 関係諸機関と連携し,意見を反映しながら,有効な学習支援事業の構築を図る。
○ ニーズ調査を反映し,適切な学習事業を構築・実施する。

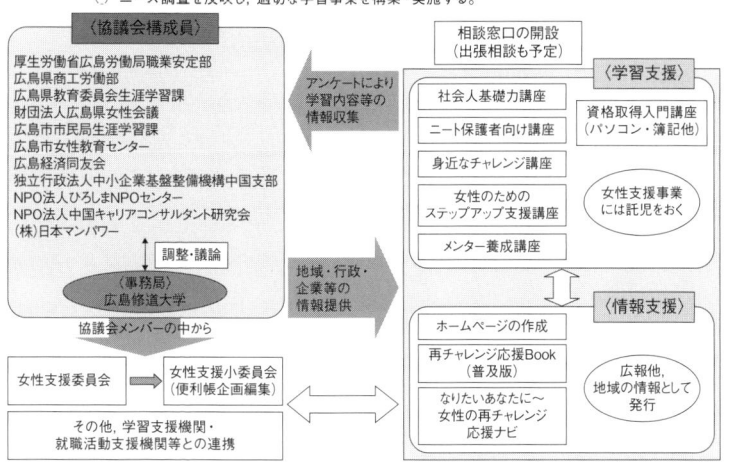

〈協議会構成員〉
- 厚生労働省広島労働局職業安定部
- 広島県商工労働部
- 広島県教育委員会生涯学習課
- 財団法人広島県女性会議
- 広島市市民局生涯学習課
- 広島市女性教育センター
- 広島経済同友会
- 独立行政法人中小企業基盤整備機構中国支部
- NPO法人ひろしまNPOセンター
- NPO法人中国キャリアコンサルタント研究会
- (株)日本マンパワー

調整・議論

〈事務局〉
広島修道大学

協議会メンバーの中から

女性支援委員会 → 女性支援小委員会（便利帳企画編集）

その他,学習支援機関・就職活動支援機関等との連携

アンケートにより学習内容等の情報収集

地域・行政・企業等の情報提供

相談窓口の開設（出張相談も予定）

〈学習支援〉
- 社会人基礎力講座
- ニート保護者向け講座
- 身近なチャレンジ講座
- 女性のためのステップアップ支援講座
- メンター養成講座
- 資格取得入門講座（パソコン・簿記他）
- 女性支援事業には託児をおく

〈情報支援〉
- ホームページの作成
- 再チャレンジ応援Book（普及版）
- なりたいあなたに～女性の再チャレンジ応援ナビ
- 広報他,地域の情報として発行

談窓口を含めれば,本協議会の利用者は1,700名を越えた。

　二つの事業における共通コンセプトは「一歩」である。よって,専門学校のような資格取得が目的ではない。むしろ,本プログラムでは「何をやりたいか」という多様な個性を引き出し,対話や講座を通じて「一歩」を踏み出す勇気と自信を,そして自分をふり返る余裕を見出すことを意図している。受講生の声やアンケートを参照しても,自信を回復し,新しい世界に挑戦しようとする気概がうかがえる。こうした自信や誇りなどは,なかなか数字に表せない。しかも,すぐに結果につながるとは限らない。しかし,200近くの企業の採用試験に落ち続けていた受講生や,公務員試験の一次試験（筆記）は合格するが二次試験（面接）で落ち続けた受講生が,本プ

ログラムを受講することで，就職を決めることができた。また，本プログラム修了後に，より専門的に学習し，公務員試験に合格したものもいる。半年から1年経つと，希望に近い就職を実現してきている。その意味では着実に成果を挙げたといえるだろう。

迷路の中でいくら右や左に行く道を示しても，徒労に終るだけである。なかなか迷路の中から抜け出せない。すなわち本プログラムは，迷路に迷い込んだ人を，なぜ迷路に迷い込んだのか筋道立てて説明し，出口に案内し，新たに進む道を示したものといえるだろう。

大学改革の最中だからこそ，目先の結果だけにとらわれず，「教育とは何か」を問い続けることが大事である。ただ，現在の大学を取り巻く厳しい情勢のなか，意見だけ主張して踏ん張り切るのはなかなか難しい。

3．「再チャレンジ支援事業」の意味するもの

本事業は，現在の労働環境の悪化も加わり，ますます重要度が増している。マスコミからも注目され，何度となく地元紙に取り上げられた。また，2008年2月に，内閣官房再チャレンジ担当室主催の再チャレンジ支援施策に関する説明会において，地域における取り組み事例として，「修大再チャレンジプログラム」と「広島県再チャレンジ学習支援協議会」の両事業を報告した。つづいて，2009年1月の「大学教育改革プログラム合同フォーラム」でも，「修大再チャレンジプログラム」を報告した。さらに，本事業については，『私学経営』や『文部科学時報』に掲載され，名古屋工業大学で開催された「社会人の学び直しニーズ対応教育推進プログラム」

でも「事務職・営業職等分野」のモデルプログラムとして報告している。次に，学術交流センターが本事業を推進する背景について，三つの点を指摘したい。

　一つ目は，本学の建学理念である。本学は，広島藩の藩校を源とするが，地域に根差した大学として，1952年，修道短期大学（商科）を設立した。2010年は四年制大学である広島商科大学を設立して50年になる。商科大学として設立したことからもわかるように，本学の使命は，広く地元経済界に有能な人材を送り出すことにある。「学び直し」のあり方を考えたとき，社会に送り出す能力を引き出すという意味で，本事業は大きな意味があると考えた。

　二つ目は，今後の大学の方向性である。2005年1月における中教審答申（「我が国の高等教育の将来像」）において「ユニバーサル・アクセスの実現が重要」であることが指摘された。また，2006年12月に改正された教育基本法には，生涯学習の理念が追加された。21世紀は「知識基盤社会」の時代であるという認識を受けて考えたとき，大学は，これまでのように，18～22歳までを対象とするのではなく，より幅広い年齢層が大学を利用する体制づくりが求められるということだ。これを生涯学習へのメッセージとして受けとめた。その場合，従来のような退職者を対象とした高齢者対象の生涯学習とは別に，より若年から中年層を対象とした「学び直し」が必要であると考えたのである。

　そして三つ目は，大学は高等教育機関として，高度な学問を伝授する場であることは確かだが，文系大学の場合，ほとんどの学生は大学院に進学せず，卒業後は社会人として勤めるのが現実だ。そして，就職氷河期世代でなくとも，短期で多くの離職者を生んでいる

ことは事実である。この点は，大衆化された大学において，「専門教育を教えてさえいればよい」という点に問題があるのだろう。すなわち，教員個々の責務は専門教育の指導でよいのかもしれないが，大学の責務としては無責任である。実際，専門教育の内容と企業のニーズのギャップは大きい。言い換えれば，社会人基礎力を土台とすることなしに，せっかくの専門教育で得た能力を発揮することもできないだろう。かかる学習こそが大事である。

4．成功の秘訣は学内協力と地域連携

それでは，再チャレンジ支援事業は，私が「スーパーマン」であるから円滑に推進されたのであろうか。もちろん，答えは否である。大きく次の三つの理由が挙げられる。

第一の理由は，この二つの事業について，学術交流センターが担当部局だが，それぞれに事務室を設置し，事業が混在しないように配慮した。そして，事務局として，3人ないしは4人を配置し（常勤ではないが），事業実施に耐え得る体制を整えた。この事務局員には，キャリアコンサルタントの資格を有するものや，キャリア教育に関心をもつもの，子育て中の女性支援の活動をしているもの，会社で長年経理を担当していたものなどの人材を配置できた。こうして事業の趣旨を理解し，自ら工夫，改善しながら意欲的に取り組んでいた。教育にマニュアルはない。どれだけ熱心に取り組むことができるかがポイントである。この点，本事業に参加したメンバーは仕事である以上に本事業に共感して参加したメンバーである。だから，改善にも積極的だったし，相当の時間と労働力を費やすことに

もいとわなかった。すばらしい人材を集めることができたのが，本事業成功の一番のポイントである。

　第二の理由は，地域連携の強化である。前掲の図表２－１，２－２を参照されたい。いずれの事業も多くの団体と連携した。地域連携の方法は三通りある。

　一つ目は，連携を通じた本学の社会基盤構築である。昨年度，学術交流センターが中心となり，本学は広島市立大学をはじめとして５つの団体と連携協定を結んだ。大学は，もはや〝象牙の塔〟ではなくなった。就職指導をはじめとして，実践的な教育などを推進するうえでも，地元の自治体，諸団体，企業などと連携を強め，恒常的な信頼関係を構築していくことが必要だ。すぐには難しくても，教育，学生活動の活性化の提案に対し有効に機能できる環境づくりが大切である。

　二つ目は，事業に対する外部支援の立場としての連携である。「修大再チャレンジプログラム」では，外部評価として，年２回会議が設けられるが，そうした場だけでなく，ジョブカードや教育ノウハウ，就職環境など，多くの情報を寄せていただいた。

　そして三つ目は，二つ目とは逆に当事業の得意な団体と連携し，事業のアドバイスを受けるものである。「広島県再チャレンジ学習支援協議会」は，女性支援を中心に，地域で事業を展開する必要から，特に女性支援団体との連携が重要であった。この点，本協議会の下部組織として女性支援委員会を組織した。事業は計画書に基づいて本学の事務局が行なうが，具体的な計画や内容については，女性支援委員会の議論に委ねたのである。

　この女性支援委員会とは，広島県女性会議，広島市女性教育セン

ター，本学，そしてオブザーバーとして21世紀職業財団を加え構成された。女性支援委員会において，本事業の女性支援について，事業の細部にいたるまで議論をしていただいた。広島県と広島市，そして厚生労働省の外郭団体が一堂に会して議論できるのは，広島修道大学が事務局だからだと自負している。聞くところによれば，こうした「再チャレンジ」を目的とした講座の開設は，これまで実績がなく，必要性は認めても予算づけが難しかったようである。この点，本事業を通じて講座や事業が行なわれ，成果を得ることができた。また，託児施設を付設したり，地元講師を集めたり，会場の設営，広報など大変ではあるが，連携先の協力もあり，円滑に推進できた。そして，大学としてもノウハウを享受することができたのである。今回，再チャレンジの二つの事業を実施するにあたり，連携団体から実に多くの支援をいただいた。好意をもって協力いただけたことに感謝したい。そして，協力しあえることが，相当あることを肌で感じたこと自体が評価できる。

　そして第三の理由は，学内の協力と理解である。事務局員を集めること自体，多くの教職員の協力を仰いだ。今回，16団体もの協力を仰ぐことになったが，自分個人の力では，一つたりとも成し得ることはできなかったであろう。また，生涯学習論を専門としている同僚の教員からは，講座設定から報告書の作成にいたるまで，献身的な支援をいただいた。また，両事業のとりまとめは，それぞれの事務局員が行なうので，学術交流センターの役割は裏方である。ただ，事業の円滑な推進や，文部科学省への提出書類や予算の適正使用については厳格さが求められる。これらの事業全体の責任を学術交流センターが担い，さらに講座については教務部，就業について

はキャリアセンターなど，各部局の支援を受けることができた。事業そのものは教育効果で評価されるが，予算執行，支出，決算書の提出などについても高く評価していただいた。同じ160もの学び直しプログラムのうち，全く指摘を受けなかったのは，本学のプログラム以外2～3しかなかったそうである。また，再チャレンジ学習支援協議会が提出した決算書類は，模範事例として他県の協議会に示されたそうである。本学の事務能力の高さとして評価したい。

大学組織は意外と縦割りで，各組織が事業を推進することに冷ややかなことも多い。ただ，この事業については，学長以下のリーダーシップのもと，各組織の全面的な協力を得ることができた。学外連携もそうだが学内の部局間連携も大事である。

また，講座開設にあたり，教員の理解も不可欠だ。他大学では学生以外に講座を開放することを嫌がる教員が多いことを耳にする。しかし，本学ではプログラムの開設にあたり，ゼミナールや一部の例外を除きすべての講座を開放することができた。受講生の意欲も高く，教員からの評判も決して悪くはない。

5．今後の展望

以上簡単ではあるが，広島修道大学が実施した二つの再チャレンジ支援事業について紹介した。個々の事業の詳細は後述することにしたい。ただ，この再チャレンジ支援事業も，いずれの事業も時代のニーズに沿ったものであり，有意義なものであった。本事業を通じた率直な感想として二つある。

一つは，「時間と手間を掛ければ掛けるほど，よりよい人材を育

成できる」ということ。そもそも本講座の受講生は，就業を希望していながら，その「一歩」を踏み出せないで悩んでいる人たちである。就業できるノウハウを有していれば，すぐに求人情報を見て決めてしまう。最近，景気の改善の兆しは見られるが，就職環境は必ずしも好転していない。こうしたなか，彼らを就職まで支援するのは容易なことではない。ただ，入校式当初には，どこか自信がなさそうな受講生が，一カ月も経てば，生き生きとしてくる。こうした受講生を見てると，私まで元気になる。

もう一つは，地道な取り組みでも，真面目なプログラムのほうが社会的には評価されるということだ。最近は，「特色」が求められるために，「パフォーマンス」重視の「ユニーク」なプログラムが多く見られる。そうした事業は，実行するのは大変そうだし，教育効果に疑問をもつ。それに対し，「修大再チャレンジプログラム」の内容は，他大学からも「我々でもできる」という声を耳にする。その声に対し，私は「そう，このプログラムはコロンブスの卵である」と，答えたい。アドバイザーの熱意や講座の内容にも左右されるが，プログラムのコンセプトは明快だ。「やれる」ということであれば，ぜひ，他大学でも取り組んでほしいプログラムである。

委託期間終了後，同様な方法で事業を展開する必要はないだろう。多くの改革を続けるなか，限られたマンパワーで事業をそのまま継続することは負担増である。連携先の団体に事業を引き継いでもらうのもよいだろう。この点，学術交流センターは，次の「一歩」を模索すべく，事業の自己点検を行ない，成果を見極め，持続可能な事業にシフトすることを考えている。これについてはモデルプログラムとして改めて後述したい。

第3章　地域に向けた実践的学習支援事業

1．再チャレンジ学習支援協議会としての活動

　広島県再チャレンジ学習支援協議会と広島修道大学との関わりは，すでに述べてきたので，ここでは，広島県再チャレンジ学習支援協議会の個々の活動成果と，それをふまえた提言を紹介しておくことにしよう。

　この再チャレンジ学習支援協議会とは，県などを単位としたものであり，基本的には教育委員会を核として実施することが多い。よって，広島の中堅私立大学である本学がこの委託事業を受け入れたのは，ある意味，異例であった。確かに，自分としても相当辛いことがあったが，やった事業自体は非常に有意義であった。そしてまた，マニュアルや再委託（丸投げ）としてではなく，いろいろ考え改善を重ねたことで，大きな成果を生んだと思っている。以下，成果を紹介していくことにしたい。

（1）広島県再チャレンジ学習支援協議会の4つの特徴

　先にも紹介したとおり，実に2年半で，実践的な講座を87講座，2,357名の応募者，1,493名の受講者，1,373名の修了者を得た。こ

れ自体，それだけの受講生のニーズがあったことを証明したと考えている。なぜ，これだけの受講生を集めることができたのか。その大きな理由の一つは，魅力ある講座になるように検討を重ねたことが挙げられよう。この点をふまえつつ，本事業の特徴について，大きく4つの点を紹介しよう。

　一つ目は，事務局体制を構築したことである。広島修道大学では，学内の一室に事務局を設け，事業の円滑な実施を可能とするように務めた。本学では，学術交流センターが本事業の全面的バックアップを行なったが，学術交流センターの通常業務に支障が想定されたため，実務担当の事務局員として外部から4名配置した。

　事務局員1名を経理担当とし，3名はかかる事業に理解がある人材を配置した。再チャレンジや子育て，女性支援などの面において，非常に熱心な活動をしている人が参加したことで，事業の改善がなされ，よりよい講座を開講できたといえるだろう。

　この事務局体制の大きな特徴は，事業計画から，講師折衝，ちらしの作成にいたるまで，すべてにおいて事務局が関与したという点である。よって，事業に対し，非常に労力をかけたものになっているが，コンセプトを把握した内容で，事業を行ない得ることができたという点で有益であった。本コンセプトは，「再チャレンジ」という新たな講座プログラムであり，一定のモデルが固まるまでは，このようなプログラムは，マニュアル的に実施するのではなく，自前で理念に基づき実施することが求められたのである。

　二つ目は，女性支援委員会を設置したことである。広島県再チャレンジ学習支援協議会の事業のうち，最も重要な柱が女性支援事業である。この女性支援事業を重点的に議論し，推進に協力する組織

として設置したのが女性支援委員会である。女性支援委員会の委員長は，財団法人広島県女性会議の吉村幸子理事長に依頼した。メンバーは，財団法人広島県女性会議，広島市女性教育センター，広島修道大学の委員で構成され，オブザーバーとして，財団法人21世紀職業財団の参加を得た。

　女性支援委員会では，事業の内容について，より具体的な議論や，各機関による支援のあり方などが話し合われた。かかる取り組みについて，広島県と広島市，労働支援団体と本学が詰めた議論を行なうことで，地域との連携を密にした女性支援事業の推進を可能にした。

　三つ目は，女性支援事業には託児施設（一時保育施設）を設置したという点である。これによって，多くの子育て中の女性が，本事業に参加してくれた。もちろん，それだけでなく，資格取得講座などでも，ママさん向けのパソコン講座などを開講するときには託児施設を設置した。大変な評判で，多くの応募者数を得ることができている。これらの成果については，個別の事業においても紹介する。

　四つ目は，コンパクトな事業で推進したということである。先ほども紹介したとおり，2年半で87講座を開講した。これは，コンパクト（1〜7回）な講座を基本にした結果である。本事業は無料講座として提供するものであり，特定の人を育成するプログラムではない。専門学校やキャリアアップを目指した有料講座として行なう場合はより責任が求められるので，もっと明確な目標を設定する必要があるだろう。しかし，私たちの事業は無料講座である。その場合，できるだけ多くの講座を用意し，必要であれば各人が希望の講

座を複数受講できるほうがベストであると考えたのである。

　これは賛否の分かれる意見だろうが，私は講座の回数の多寡は必ず意見は出るものだと考えている。講座回数が多い場合は，確かに特定の目標に到達できる可能性が高くなる。ただし，「冗長だ」という意見とか，受講生が次第に減ってしまいがちになる。飽きてしまうのもあるだろうし，忙しいことなどで離れてしまう可能性が出るだろう。そして，一度欠席するとわからなくなってしまうことが多い。それに対して，コンパクトで短い場合，「不十分」という意見が出されるが，逆に集中力もつくし，我慢してでも受講しつづけられる。また，少し「足りない」と思うぐらいのほうが，その後の受講姿勢にも好影響を与えるものだと考えている。実際，「5回というような短い無理のない感じが，楽しく続けられた要因だと思う」などというコメントがあり，短期間で無理なく設定した成果目標を達することができたといえるだろう。

（2）追跡アンケートについて

　本事業が終了した2009年12月，追跡調査アンケートを実施した。これは，2008年度，2009年度の講座受講生を対象に行なったものである。スキルアップ講座については，別途3カ月後の調査を実施しているので割愛した。封書にかがみ文と共に図表3－1のアンケートを添え，それに返信用のハガキを入れて送付した。反応は，539名に発送し212名からの回答が寄せられた。そもそも39％の回答率だけでも，事業への高い評価といえるだろう。また，番号と具体的な内容を記載する欄を設けたが，番号だけでなく，自由記述欄，大変多くのことをコメントして返信していただいた。本事業の継続を

図表3−1　追跡調査アンケート

当てはまる番号を同封のハガキにお書き下さい。(できましたら，具体的にお書き下さい。)

1. 再チャレンジ事業に参加された結果，ご自身にどのような変化がありましたか。
   ① 現在の勤務先で意欲的に勤められるようになった
   ② 現在の勤務先に転職することができた
   ③ 就職先が決まった
   ④ 就職への意欲を持つきっかけとなった
   ⑤ 資格取得を進めている
   ⑥ 社会参加を行うようになった
   ⑦ 全く前と変わらない
   ⑧ その他（　　　　　　　　　　　　　　　　　　　　　　　　　　）

2. 講座を受講された感想を番号でお書き下さい（複数回答可）
   ① 同じような仲間がいることがわかり，勇気がわいた
   ② 講座に参加したが，つまらなかった
   ③ 現在の活動に，役立てることができて，よかった
   ④ 多くの仲間と知り合うことができた
   ⑤ すぐに行動に移さない（移すことができない）が，将来を考える上で有益であった
   ⑥ 講座は有益だったが，現実は厳しいと感じる
   ⑦ その他（　　　　　　　　　　　　　　　　　　　　　　　　　　）

3. このような講座についてどのように思われますか（複数回答可）
   ① 必要だと感じる
   ② 役に立った
   ③ 税金の無駄使い
   ④ 有料で必要な人に提供すべき
   ⑤ 就職や活動に役立つ講座で，有益だった
   ⑥ 継続的にあったら良い
   ⑦ その他（　　　　　　　　　　　　　　　　　　　　　　　　　　）

望む意見が多く出されていることを指摘しておきたい。個々のコメントは一部しか掲載できないが、アンケートの三つの質問の結果（番号）については、個々の事業のあとに掲載してある。

個々の内容については後述するとして、全体の意見は図表3－2のとおりである。本講座を受講してくれた人は、事業に対して、必

図表3－2　講座事後アンケート集計

	回　答	人数
講座について	①必要と感じる	134
	②役に立った	107
	③税金の無駄使い	3
	④有料で必要な人に提供すべき	19
	⑤就職や活動に役立つ講座で有意義だった	68
	⑥継続的にあったらよい	101
	⑦その他	7
ご自身の変化について	①現在の勤務先で意欲的になった	21
	②現在の勤務先に転職できた	5
	③就職先が決まった	24
	④就職への意欲を持つきっかけとなった	58
	⑤資格取得を進めている	35
	⑥社会参加を行なうようになった	29
	⑦全く前と変わらない	23
	⑧その他	35
受講の感想	①同じ仲間がいて、勇気がわいた	96
	②講座に参加したが、つまらなかった	9
	③現在の活動に役立てることができた	57
	④多くの仲間と知り合えた	63
	⑤すぐに行動に移さない（移すことができない）が、将来を考える上で有益であった	76
	⑥講座は有益だったが、現実は厳しい	57
	⑦その他	12

要性を実感し，継続を望む人が多いことがわかるだろう。そして，実際に就職決定や社会活動への参加を始めとして，資格取得や意欲の向上と，講座をきっかけに自身の一歩として着実に前進させている。

講座の内容は有益なことはもちろんだが，「勇気が湧いた」「仲間ができた」という意見が多く見られる。マインドアップや，この「学びの場を通じて，悩みを共有できる場」というのは，全体的な感想として多く，重要であると考える。各人が個々で悩んでいることを，ワークや議論を通じて，仲間をつくり，同じ悩みを共有することができている。悩みを打ち明けられず，孤独で苦しんでいるなか，同じような仲間がいることを発見したこと自体大きな成果といえるだろう。

2．学習相談窓口の開設

（1）学習相談窓口とは

非正規雇用者や再就職を目指す女性などを支援するために，学習相談窓口を開設した。広島県再チャレンジ学習支援協議会は，エソール広島（広島市内）に設置した。ここは，提携先でもある広島県女性会議の事務室がある場所であり，好意により部屋を安く借りることができた。

この窓口を毎日開設しても，相談で来室する人は多くない。ただし，休日や仕事帰りの人も来室できるようにと考え，木曜日，日曜日の週2回で，13〜19時で開室した。

学習相談といっても，予備校を紹介するわけではない。就業を支

図表3－3　学習相談

援するための学習相談なので，どれだけ集まるかという心配はあったが，やはり，ハローワークのちらしを見て来室する人が多いようである（図表3－3）。もちろん，ハローワークでも就業支援や学習先の指導などを行なっている。ただ，ハローワークには，多くの人が来室するので，充分に話を聞いてもらえない人もいるようだ。こうした人が，この学習相談窓口に来室する。よって，もともとは再就職先を目的にして相談に来室するのが一般的であり，そのなかですぐに決まらないとなると，学習支援の方向が見えてくる。相談者の対象は幅広いが，それを，じっくりと話を聞き，学習機関を紹介したり，就職への道筋を一緒に探すのが，この学習相談窓口である。

図表3－4を参照しても，相談が年度終わりと，年度初めが少なくなる。これは，委託事業で年度契約のため，どうしても学習相談窓口を一時閉鎖せざるを得ないからである。閉鎖が予告される機関は信用されない。継続したアドバイスが得られない学習相談窓口へ行こうとしないのも当然だろう。やっと定着したかと思うと閉鎖するのが悩みの種であり，継続性が求められる。

2．学習相談窓口の開設

図表3−4　学習相談室全期間の状況

年度	月	合計	男性	女性	再就職	事業立ち上げ	メンタル	学び	面談	電話	10代	20代	30代	40代	50代	60代以上	不明	相談室開室日数	1日平均相談者数
2008年度	5月	7	5	2	7	0	0	2	7	0	0	1	1	1	3	1	0	5	1.40
	6月	17	7	10	17	0	0	7	12	5	0	2	9	1	4	1	0	8	2.13
	7月	13	6	7	10	0	3	3	10	3	0	2	4	3	0	4	0	9	1.44
	8月	12	4	8	11	0	1	3	11	1	0	0	6	5	0	1	0	9	1.33
	9月	8	3	5	6	0	2	4	6	2	1	0	3	2	0	1	0	9	1.00
	10月	10	3	7	8	0	2	3	8	2	0	2	4	2	1	1	1	8	1.11
	11月	10	2	8	10	0	0	5	7	3	1	4	2	2	0	0	2	9	1.11
	12月	8	7	1	7	0	0	2	7	0	0	0	3	2	4	1	0	7	1.14
	1月	9	5	4	7	0	2	1	6	3	0	0	2	3	3	0	0	7	1.29
	2月	6	3	3	6	0	0	3	6	0	0	0	4	2	2	0	0	8	0.75
	3月	1	1	0	1	0	0	0	0	1	0	0	0	0	1	0	0	2	0.50
	合計	101	46	55	90	0	10	33	80	20	1	11	37	20	18	11	3	81	1.25
2009年度	4月	2	2	1	1	0	1	2	1	1	0	0	0	0	0	1	1	2	1.00
	5月	16	11	5	15	0	1	2	16	1	0	1	2	3	9	1	0	9	1.78
	6月	26	18	8	22	0	4	2	23	3	0	2	10	6	6	0	2	8	3.25
	7月	20	12	8	18	0	5	1	18	6	1	2	4	2	6	0	5	8	2.50
	8月	17	9	8	15	1	4	2	17	2	0	0	9	4	4	0	1	10	1.70
	9月	12	10	2	9	1	2	0	11	1	0	0	4	3	3	1	1	8	1.50
	10月	13	9	4	10	0	3	3	12	1	0	1	1	5	2	2	2	9	1.44
	11月	16	8	8	12	0	3	4	14	2	0	3	1	5	4	2	1	9	1.78
	12月	8	5	3	5	0	3	1	5	1	0	0	0	5	1	2	0	6	1.33
	合計	130	83	47	107	1	26	12	117	17	1	9	31	33	35	2	12	69	1.88
2年間合計		231	129	102	197	1	36	45	197	37	2	20	68	53	53	13	15	150	1.54
増加率（%）		129	180	85	119		260	36	146	85	100	82	84	165	194	18	400		151

(2) 相談者の内容

　相談に来室する人と内容は，2008年度と2009年度で明らかに性格が違ってきた。それは，2008年10月のリーマンショック以来の世界経済不況の影響による。日本企業でも派遣切りが顕著に見られている。先ほどの図表3－4を参照しても，2008年度と2009年度の相談者の年齢層が違うことがわかるだろう。よって，日常的な相談内容と不況期の相談内容の二つの様子が判明できた。二つの面で紹介しよう。

　まずは，日常的な相談内容を紹介しておきたい。たとえば，引きこもりがちな人など幅広い人が相談に来室する。保護者と一緒に来室したが，何をしたいか，何を学習したらよいか，どのような学習支援機関があるかなどを紹介した。

　また，若者も相談に来室する。就職氷河期世代でアルバイトしかできず，正社員になりたいという相談だ。スキル（特にパソコン）がないこともあり再就職がみつからないというのが原因だ。また，20代，30代の相談者の多くは，アルバイトや契約社員で働いているうちに，いつの間にか年をとっているという相談者が増えている。ふと気がついたときに就職先が見つからないというのが，この場合の課題である。結局，回答は，就職に最低限必要なスキルを紹介したり，履歴書の書き方や面接の受け方などを指導する。

　また，40代以降になると，安定した雇用を目指す人の相談が多い。2008年当時はホームヘルパーなど福祉系の仕事に需要があることから，資格取得を勧めることが多かった。介護系の仕事に就きたいという相談の多くは，求人が多いということと，定職に就きたいという深刻な悩みのなかでの選択である。介護系を積極的に希望し

て就職する人は多くはない。

　それでは，2009年度はどのような相談が多かったのだろうか。基本的に，若者からの再就職の相談は減少している。これは，景気悪化による派遣切りなどによって，ハローワークの支援体制が充実したことによるようだ。ただ，そうはいっても，相談が減少したわけではない。相談の内容は多様である。

　たとえば，40代以上の人で，以前勤めていた会社に再雇用され，同じ製造ラインで仕事をしているが，ラインのスピードが以前の3倍速くなったという。若い人は対応できるが，年が経つにつれ仕事が過酷になっている。介護・看護の現場においても，体力的に自信がないとのことで，転職を考える人も出てきている。職場環境が変化することと，年齢による体力の問題が就業に影響する。新しい仕事へ順応することも難しい。彼らに対していかに学習支援をしていくか，こういった問題の解決が課題である。よく就職支援の対象を若者と考える向きがあるが，40代，50代は，家庭を抱えており深刻さは増す。検討の必要があるだろう。ただ，この年齢になると，積極的な意味で「退職後に幼稚園のバスを運転して子どもと触れ合いたい」といった転職先についての希望や，新しい起業を考えたいなどという相談もある。特に，起業やNPOの立ち上げなどの新たな仕事の場を提供する学習支援は十分検討の余地はあるだろう。

　一般的に，景気悪化に伴い職探しが長期化している。これまでは需要があった福祉分野だが，介護の質が問われ出して，次第に人材選びが慎重になってきた。男性も「求職がある」という理由で資格を取得したからといって就職できるとは限らなくなってきた。また，就職したとしても，仕事についていけず退職する人も多い。こ

うして，努力しても就職できず，次第に徒労感と焦りが生じている。また，就職のための面接でも，対応が厳しく，求職活動に恐怖感を抱く求職者も増えている。こうした点で，メンタル面でのサポートも必要となる。

　また，不況で派遣切り・契約解除が相次ぐと，「正社員でなければだめだ」という思いが強くなる。この気持ちが自分の内面だけでなく，マスコミや家庭，社会などからも出てくることで，非常に切迫感を強めている。応募も正社員に集中し，「正社員にあらずんば人にあらず」というような感覚が強まっている。このため，わずかな正社員募集枠に求職者が殺到し，求職者は失望感とともに自己否定感をもち，それでも「正社員でなければ」という思いはさらに強まる。それで，再び正社員に応募してふるい落とされ，負のスパイラルに陥っている。

　こうした場合，とりあえず，パートなどでしのぐようにし，景気の好転を見るという指導をする。この間にも相談窓口に通い，学習先などの紹介を受け，スキルアップを行い，可能性を高めていくことを勧めた。

　また，少し余裕がある人の場合は，在宅ワーク支援センターや職業訓練，スキルアップ講座などでスキルアップするように紹介することが大事である。こういった支援機関に行くことは，ニーズのある企業ともつながりがあるので，就業につながることもあるのだ。

（3）学習相談窓口設置と提言

　このように，学習相談窓口は就業に悩む人の駆け込み寺である。一度だけの相談で結論が得られない人。自分で何をしたらよいかわ

からない人，一人だけで悩んでいる人にとっては，相談して話を聞いてもらう場となる。ハローワークの相談では十分納得いかない人が来室することが多い。多様な相談に対し，個々の状況に合わせて回答する。これが学習相談窓口の基本である。そして，すぐに就業するためには十分条件が整わない。そのため，学習支援が必要だということになる。当面，アルバイトであったとしても，その間も相談窓口を利用し，チャンスがあれば，必要な資格を学んだり，学びの講座などの紹介を受け，正社員へのキャリアアップをしていくこともあるだろう。

また，すぐに就職を考えないにしても，転職や起業を考える場にもなるかもしれない。起業をするための必要な学習を相談したり，転職する前に自分自身を見つめ直すことも大事である。

相談窓口の相談員も，こうした，就業情報，学習機会情報を多面的に把握し，個々の相談に対し，適切なアドバイスができるようにしておく必要があるだろう。各部署との連携も必要である。ハローワークなどが核となり，月１回程度の事例報告会や対処法の意見交換会があるとよいかもしれない。

図表３－５　求職者の相談の流れ

```
就業に悩む人→ハローワーク（求人，相談）
  →解決　①就職
         ②学習活動
  →未解決③学習相談窓口→④再度ハローワーク
                      ⑤学習支援活動
```

3．ニートに対する支援事業の実践経験と提言

（1）ニート保護者向け講座の開催

　ニートは，労働者・失業者・主婦・学生のいずれにも該当しない「その他」の人口から，15〜34歳までの若年者（若年無業者）をさす。必ずしもそうではないが，「引きこもり」の層がそれに相当する。

　広島県再チャレンジ学習支援協議会では，こうした引きこもり状態の若者（ニート）を支援するために本事業を実施した。そもそも，ニートに対する支援事業は，「生涯学習として担うべきか」などという疑問もあがったが，文部科学省の委託事業の運用指針を反映する必要から実施に踏み切った。初年度は，10〜15時まで，15回講座で「学びあいセミナー」を実施した。講座に登録した人数は7名。ただ，修了生も6名だった。実際は4名程度が交代で出席したようで，最後まで継続できたと思う。

　講座の内容も工夫した。内容もパソコンスキルだけでなく，「コミュニケーションゲーム」「よいとこさがしゲーム」「自己PRの情報集め」「自己主張ゲーム」「しごと理解ワーク」「働き方の違いワーク」「仕事のマナー」「くらしの基礎知識」など，ゲームをしながら学ぶ方法である。なじみやすい方法で受講の継続ができたと思う。しかし，講座自体は有益だが，残念ながら参加者が少ない。限られた予算で，本講座を遂行することは困難である。そこで2年目からとった新しい方法が，ニート保護者向け講座である（図表3－6）。

ニート保護者向け講座は，広島県再チャレンジ学習支援協議会の場で議論した際，広島市市民局が「保護者を対象としたら」というアドバイスをいただいた。これは，ニートの問題は家族全体の問題であると理解し，学習するものである。対象は保護者となることから，日曜日の1日講座とした。内容は，座学の講演「心と行動を変える親子のかかわり方について」，懇談会（いくつかのグループに分けて），個人相談（希望者のみ）の三段階に分けて実施した。

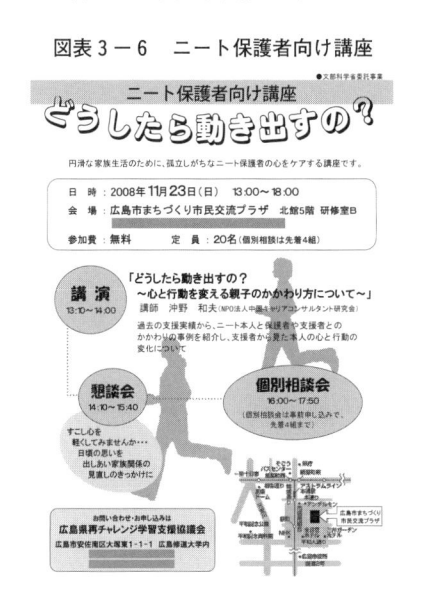

図表3－6　ニート保護者向け講座

この事業は4回実施したが，地元紙「中国新聞」にも取り上げられたこともあり，応募は合計93名にも及んだ。ニートを抱え悩んでいる保護者が多いこともうかがえる。

この講座に対する反応は良好である。事後アンケートでは16名からの回答を得たが，11名から継続を望む声が出ていた。1年に2度しか開講しなかったことでは足りなかったようである。

受講に対する反応も悪くはなかった。「気持ちが落ち着いて焦りが少し無くなった」「私にとっては同じような人がたくさんいることを知り，少し楽な気になりました」「就職について悩んでいる時に相談に乗っていただいたり，考える時間がとれたことはとてもあ

りがたいことだと思います」「この講座で自分の気持ちを話し自分の気が晴れた」「こうあるべきだという固定観念が薄くなり，物事にこだわらなくなった」など，本講座は保護者に対する学習効果が一番大きかったようである。ただ，そういったなか，一部に不満の声も出されている。たとえば，「必要だと思うが，現実に本人がどのように活動するかが難しい」とか「成功への具体例が一つ二つあれば聞きたかった」などといった意見が聞かれたことも見逃せない。

　事後調査アンケートでも，「同じような仲間がいることがわかり，勇気がわいた」（9名），「すぐに行動に移さない（移すことができない）が，将来を考える上で有益だった」（6名），「講座は有益だったが，現実は厳しいと感じる」（9名）というものであった。

　つまり，ニートの子どもを抱える保護者の悩みを打ち明ける場としては，有益であると考えられる。ニートを対象とした自立支援として，入口の部分として最もニーズがあると考えられる。ただ，それが，ニートの自立へ一歩前進するまでにはいたらなかったといえるだろう。講座の内容自体も，成功事例などを紹介したり，関連機関を紹介したりするなど，もっとよい講座にする工夫が必要がある。

　ただ，最長2年半で，単年度契約のために即時的な成果を期待した。しかも，幅広い再チャレンジ事業を実施する必要があった。このため，本当に入口部分の取り組みしかできなかった。この講座自体，継続を望む意見が多くあった。保護者のなかでの悩みが多いだろうし，そういう人々に対して孤立しない取り組みが求められるのである。

3．ニートに対する支援事業の実践経験と提言

図表3－7　ニート保護者向け講座の事後調査アンケート集計

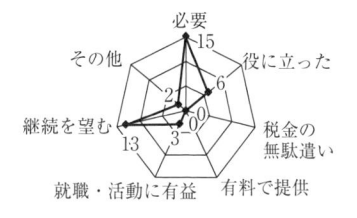

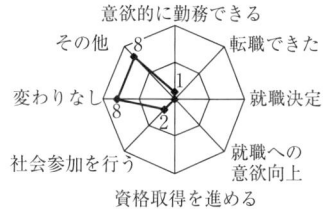

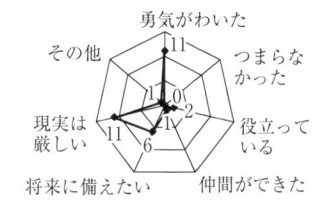

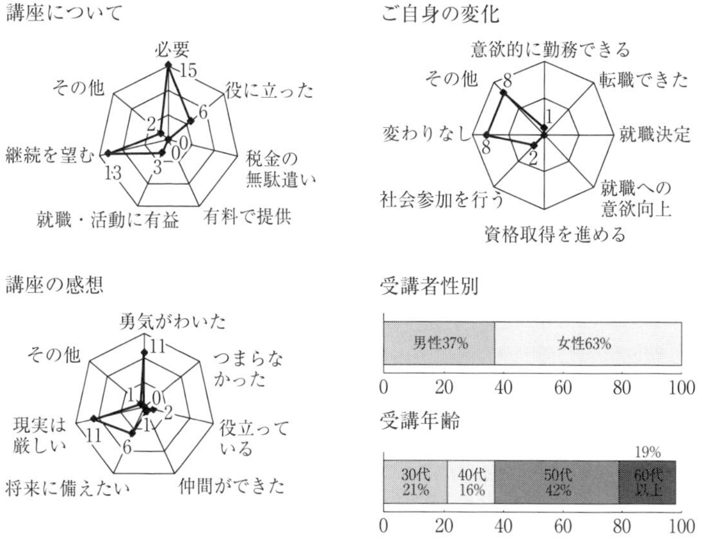

講座について
- 必要 15
- 役に立った 6
- 税金の無駄遣い 0
- 有料で提供 0
- 就職・活動に有益 3
- 継続を望む 13
- その他 2

ご自身の変化
- 意欲的に勤務できる 8
- 転職できた 1
- 就職決定 0
- 就職への意欲向上 2
- 資格取得を進める 0
- 社会参加を行う 0
- 変わりなし 8
- その他 8

講座の感想
- 勇気がわいた 11
- つまらなかった 2
- 役立っている 0
- 仲間ができた 6
- 将来に備えたい 11
- 現実は厳しい 11
- その他 11

受講者性別
- 男性37%　女性63%

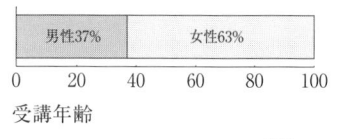

受講年齢
- 30代 21%　40代 16%　50代 42%　60代以上 19%

（2）若者自立プログラムの提言

　ニートが社会参加にいたる過程は難しい。それにも関わらず，2009年の事業仕分けでも「若者自立塾」が目立った成果が見られないとして，厳しく批判され廃止とされた。しかし，逆にニートをそのまま放置しておくわけにはいかないし，学習プログラムを構築させていく必要があるのではなかろうか。できるだけ，社会へ自立させる必要があるだろう。若者の自立の過程として，以下のようなプログラムを構築することを提言したい。

　①「ニート保護者向け講座」の開講

　上記の成果を生かしながら，家族の問題として学習していくことを意図する。年3～4回程度は開催したほうがよいだろう。恒常的

な相談機関もあるとよいが，講座を開講することで，小さな課題を解決し，次の課題に取り組めるというメリットもある。

　保護者としての心構えや，子どもに対する接し方などを学ぶ。また，成功事例や体験談などを含め，ある程度のモデルを提示することも大事だろう。また，支援事業などの紹介を受けることで，次のステップも検討したい。

②ニートが集まり，会話ができるような場所の設営

　すぐに就職や社会参画などとは考えず，気軽に行ける場所を設営することが求められる。楽しい雰囲気で，会話がなくてもよいし，次第に会話がなされればよいだろう。そんななかで，常駐したカウンセラーなどが様子を見ながら，学習や社会への参加を促すようにしていく。

　また，恒常的に保護者とも接するようにし，家庭での接し方なども含めて話し合いをしていくことが求められるところである。

③通いで学び合えるような講座の設置（コミュニケーションを中心とした講座）

　コミュニケーションを中心とした講座を10回程度で実施する。ゲームと会話を基本とし自己啓発を行なう。各人の悩みや長所などを知り合うことで，次第に自己と社会との関係を身近なものにしていく。

　また，こういった講座を修了した場合は修了証を発行することもあってよいだろう。

④若者自立塾などの集中的・実践的な学習・修得

　若者自立塾は，1年以上仕事や求職活動をせず，学校や職業訓練などを行なわないニートを対象にしている。ニートのいる家庭の駐

け込み寺として期待されていた。ところが，入塾者の人数が予定を大幅に下回っていることで問題となった。

　ただ，私にいわせれば，いきなりニートの人に「3カ月合宿に行きなさい」というほうが滅茶苦茶な話である。それで入塾者の人数が少ないことを批判しても話にならない。せっかく積み上げてきた施設やノウハウをこわすだけである。これまでの若者自立塾は，単体として存在していたことが問題なのである。ただ，それ自体を廃止することは，ニートを自立し育成する場を失うことにもなりかねない。そのための準備として，「学ぶ姿勢」「社会への参画の気持ち」「保護者の支援」などの過程を経なければならないだろう。上記①～③の過程を経る必要がある。ちなみに，若者自立塾は，合宿を基本とするので，定員が上回るほど人が集まらないのであれば，塾の数を減らすことはありうる選択である。合宿形式なので，一県に一カ所ある必要はないだろう。ただ，廃止は私にとっては考えられない。

　また，若者自立塾を自立するまでの過程の場として考えるのではなく，自立させてしまうのもよいだろう。つまり，農業や畜産業などを行なうことで，収穫や育成の喜びを実感したり，工芸品を製作し販売することで，少しだけでも収入を得る喜びを感じることが大事である。何か得意なものを見つけたり，あるいは自分の労働が収入につながることを知ることが重要なのではなかろうか。

⑤職業技術訓練などの学習・修得

　若者自立塾のあとのプログラムとして位置づけられるか否かは，対象者の状況によるところが大きい。職業スキルを得ていくほうが大事である。「何を学ぶか」などをしっかり相談し，納得いくもの

を学ぶ必要がある。あわせて，就業体験などの経験を得ていくことも大事である。

以上，簡単ではあるがニートに対する支援講座の実戦経験を紹介するとともに，少しだけ提言をさせていただいた。ニート層をできるだけ減少させ自立する過程は非常に大事である。

ニートに対する問題は，社会問題であり，身近な保護者にとっても大変な悩みの種である。簡単に解決できない課題であり，すぐに成果を挙げられない問題だからこそ，行政はこのニートの問題に直視していく必要があると考える。

4．第二新卒者や転職希望者に対する支援事業の実践経験と提言

（1）社会人基礎力講座の開催

①2007年度の講座の反省

第二新卒者やフリーターなどの支援は，本学も半年間のプログラムで実施している。その意味では短期講座として実施した。

初年度は，「仕事力ステップアップセミナー」とし，18〜21時まで，15回講座で実施した。参加者は20名。内容は「自己理解，他者理解」「コミュニケーション能力」「ビジネスマナー（あいさつ，応対，電話対応など）」「パソコン基礎」「就職活動の基礎知識（応募書類の作成，面接対策）」「ライフプラン，キャリアプラン（目標設定，マネープラン，金銭管理の基礎）」などである。この講座の難点は，対象者が幅広くなりすぎてしまい，内容の焦点を絞り込めなかったことである。また，受講生としても，受講の希望が，パソコン技能

4．第二新卒者や転職希望者に対する支援事業の実践経験と提言

図表 3 － 8　社会人基礎力講座

●文部科学省委託事業

社会人として一歩前進
ビジネスマナー・コミュニケーション
能力向上セミナー（全5回）

参加費無料

企業が求める社会人の基礎能力のレベルアップ！

7/7(月) 18:30～20:30　自己理解「自分ってどんな人間？もっと自分を好きになろう！」

7/8(火) 18:30～20:30　傾　聴「聴き上手は仕事ができる！信頼関係を築く聴き方とは？」

7/9(水) 18:30～20:30　自己主張「ノーと言える人になろう！自分らしい会話術を身につけるには？」

7/10(木) 7/11(金) 18:30～20:30　ビジネスマナー「あなたが変わる！ビジネスで成功するマナーとは？」

対象：20歳代から30歳代の社会人
　※ 正社員・パート・アルバイト中の社会人
定員：20名
　※応募者多数の場合、受講できない場合があります。悪しからずご了承ください。

会場　広島市まちづくり市民交流プラザ
　　　北棟5階　研修室

お問い合わせ・お申し込みは
広島県再チャレンジ学習支援協議会
広島市安佐南区大塚東1-1-1 広島修道大学内

なのか，マナーなどスキルなのか，コミュニケーション能力なのかなどさまざまであった。このため，自身の関心ない講義は出席しない受講生もいた。

　こうしたことから，2008年度からは，コミュニケーション能力やマインドアップ，マナーなどを取得する講座＝社会人基礎力講座と，資格取得に結びつくような技能アップを目指す講座＝スキルアップ講座の二つに分けて実施した。

②社会人基礎力講座の開催

2008年度からは，社会人基礎力講座として，5回講座で，19時からの2時間で実施した。本講座の概要は，自己発見を始めとしたマインドアップ，マナーを基礎としている。

夜間に実施した理由は，再就職を目指している人はもちろんだが，転職を目指す人も対象としたことによる。初年度の講座では対象者が絞られなかったことで，講座の内容も散漫となった印象があるが，この社会人基礎力講座では内容を絞りこんであるため自ずと対象者も絞ることができている。

受講生の反応は悪くはない。「人と関わることが少なくなった今，同じ目的に向かって頑張りあえ学びあえる仲間がいて楽しかったし，うれしかったし，気持ちが前向きになってる自分になっていた」とか，「同じような状態の人たちと一緒に学ぶことができて，自分の世界も広がった」「自分だけでなく，同じように悩む人がいることを知り，人の話を聴く，自己理解，自己実現のきっかけを作ることができた」「ハローワークに行っても，人と話しをする時がない。また生活の中で同じような人と話せて情報交換ができて良かった」「自己啓発のために必要なことだったし，就職活動をしているときにこの講座があれば，絶対に受講しているだろうと思った。私は今までこのようなことを勉強してこなかったので本当に役立った」と，講座の感想の多くは前向きである。

再就職を支援するだけでなく，すでに仕事に就いている人にとっても，「内容も面白く，知らなかったことも多かったので，仕事をしていく上で，その他のところで役立てそうなので受講してよかった」「職場で実践するように心がけている。なかなか教えてもらう

機会がなかったので，勉強して自分のためになったし，役立ちました」と，有益だったことがわかるだろう。

　知っていることでも繰り返し学ぶことは，決して無意味でない。「社会人になっても，マナーや一般常識などについては，みなさん再確認したいもの」というコメントがあるように，学び直しを通じて，自分自身を再確認していくことは社会に出たあとも大切なことである。また，会社など身近な空間ではない，別の空間でまったく知らない人と学び合うことで，客観的に自分を見直すことができるようである。「一人でコミュニケーション力を高めることはできないので，講座は必要だと思う」との指摘があるように，学習の場の確保は重要である。

　学生では学ぶことのなかったキャリア教育を通じて，仕事に対する再認識ができている。最近，七五三現象に見られるように離職率が高い。また経営者によれば，「最近の若者は仕事に対して我慢がない」などという意見を聞く。もちろん，会社を辞めるのは辞める側の言い分もあるだろう。ただ，安易に会社を辞めたあと，後悔する人が多いことも確かである。本講座が，仕事の役割を理解し，勤務している会社の意味を知り，思い直すきっかけになっている。だから，本講座を受講して「転職を考えていたため受講したが，現在の職場で活用しようと思った」などといった感想が得られたことからも明らかとなる。企業の立場からも，こういった講座は必要なのではなかろうか。

80 第3章 地域に向けた実践的学習支援事業

図表3－9　社会人基礎力講座の事後調査アンケート集計

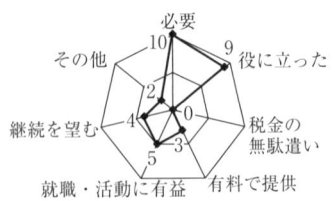

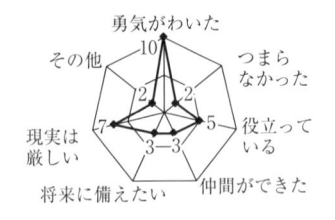

講座について

- 必要 10
- 役に立った 9
- 税金の無駄遣い 0
- 有料で提供 3
- 就職・活動に有益 5
- 継続を望む 4
- その他 2

ご自身の変化

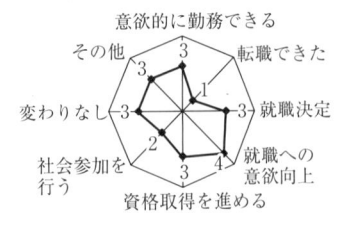

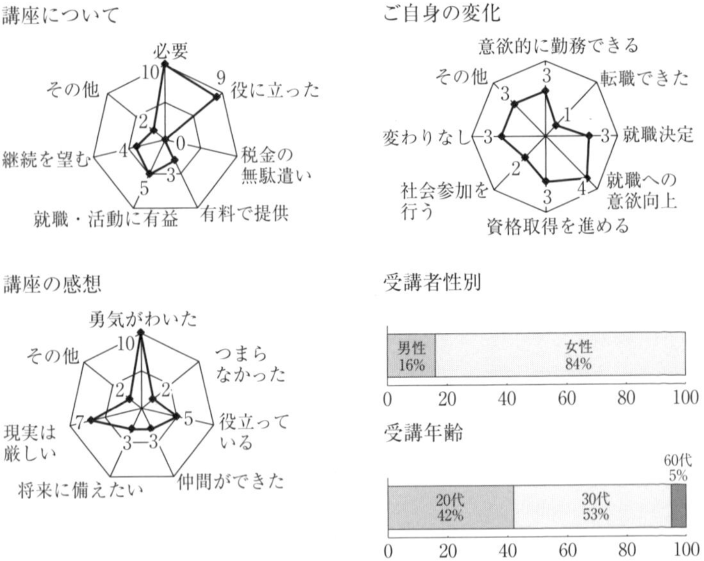

- 意欲的に勤務できる 3
- 転職できた 3
- 就職決定 3
- 就職への意欲向上 4
- 資格取得を進める 3
- 社会参加を行う 2
- 変わりなし 3
- その他 3

講座の感想

- 勇気がわいた 10
- つまらなかった 2
- 役立っている 5
- 仲間ができた 3
- 将来に備えたい 3
- 現実は厳しい 7
- その他 2

受講者性別

男性 16%	女性 84%

受講年齢

20代 42%	30代 53%	60代 5%

（2）社会人基礎力講座に対する提言

今回，講座を実施して社会人基礎力講座は，転職希望者（漫然と仕事をしている人）などに対しても有益であったということである。七五三現象などを事前に防ぐためにも，こういった事業は必要だろう。もちろん，企業内研修なども実施されているが，これは，会社のプログラムに基づいてである。もう少し自身を客観視するためにも，会社とは離れた場所で主体的に参加できる場を保障しておくことは不可欠の要素なのではなかろうか。

もちろん，非正規雇用者や第二新卒者にとっても大事である。とりわけ，研修制度は，正規雇用者に対しては比較的恵まれている

が，非正規雇用者に対してはなされない。非正規雇用者のキャリアアップの場として支援していく場合，講座回数が5回程度では不足かもしれない。もう少し増やす必要があるだろう。この部分については，第4章の「修大再チャレンジプログラム」のほうで言及していきたい。

また，先にも紹介したとおり，人材ニーズアンケートによれば，①パソコン能力は必須事項となってきており，②「コミュニケーション能力」や「マナー」が企業が求める能力として指摘されている。こうした内容をふまえるとき，社会人基礎力講座を継続的に実施していくことは必要であると考える。

実は，事後アンケートで，本事業に対して，2名が「有料で提供しても良いのではないか」という感想を寄せている。もちろん，33名中の3名なので少数派である。その理由は「有料で講習修了者に補助金が出るシステムが良い」というアイデアが出されているように，企業と連携する方法もありうるだろう。ただ，会社とは別の空間で学び直しをしたい人も多いだろうから，そうでもないのかもしれない。充分に検討し，適切な取り組みが求められるところである。

5．スキルアップ講座の事例と提言

（1）資格取得講座実施の成果と課題

スキルアップ講座は，2007年度にはなかったが，最もニーズのある講座であり，即効性があるということから，2008年度から開講した。資格取得は，非常に人気がある。もちろん，資格を有すること

が前提となり就職ができる人もいるのだから，正しいのかもしれないだろう。成果は履歴書にも載せられる。ただし，人材ニーズ調査を参照しても，資格の取得は，企業側としては特殊技能を除き，実はそんなに望まれていないのである。

　ただ，資格取得を目指した過程で「学習」する。その学習自体は企業にとって求められる重要な能力となることも多い。そこが重要である。この能力を磨くことを意図して実施したのが資格取得講座である。

　本協議会の事業の特長として，5回程度のコンパクトな講座を開講した。これは，完結した資格取得講座を無料で開講することで，他の専門学校などの事業に悪影響することを防ぐためである。民業圧迫をせず，有益な事業を展開するためにはどうしたらよいかを考えた。

　結論は，資格の概要を理解するということである。たとえば，簿記を例にしよう。簿記3級を取得するためには，90分講義で15回程度の時間が必要だとされる。もちろん，この間，予習復習も必要なので，それだけではない。ただ，私たちは5回講座で実施した。つまり，簿記経理の概要を知ることを目的としたのである。有り体にいってしまえば，資格取得を目的とせず，簿記を概観し経理をやるための必要最低限のことを学習することを目指した。そして，受講生各人が，資格を必要と考えるのであれば改めて有料講座を受講するのもよいし，逆に講座だけで充分と判断すれば，それはそれで構わないことにしたのである。

　この講座は，地元の大栄総合教育システムに依頼した。本学にも出入りの機関で，安心できるというのが一つの理由である。本学の

キャリアセンターを通じて,大栄総合教育システムの担当者を紹介してもらい依頼した。決して高い講師料ではないが,前向きに理解してもらった。教室の賃料などは含めず事業を実施してくれた(地方開催は会場を別途借用している)。また,事後調査なども含めて実施してもらった。

スキルアップ講座は,コンセプトが明確な分,打ち合わせも短く済み,手間がかからない。そうはいうものの,担当者は相当腐心していたので,苦労は多かったとは思われる。ただ,私の立場では費用が安く,手間がかからないとなれば,それだけ多くの講座が開講できる。講座を相当数開講できたのは,こういった理由である。

こちらとしては,お願いであったが,先方にとってもよかったようである。たとえば,この講座の対象者は,女性や離職者が多いので,開催時間は10～16時ごろが多くなる。この時間帯は講師や教室に余裕がある。よって,稼働率を高める効果があったのである。また,行政などと連携し交流ができたことで,講師派遣の道筋もできた。行政のほうでも,こういった講座の講師が不在で悩むことが多いようで,相互の連携が図られたというメリットは大きかったようである。

(2) スキルアップ講座の開催

2008年度には,簿記入門講座やパソコンスキル講座以外に,宅建入門講座,社会保険労務士入門講座,FP入門講座,ビジネス実務講座,ビジネス能力講座,秘書ビジネス講座などを設定した(後掲)。また,開催場所も,広島市以外に,福山市,呉市,廿日市市などで実施した。ただ結果は,地方開催の場合,簿記経理入門講座

図表3－10　スキルアップ講座

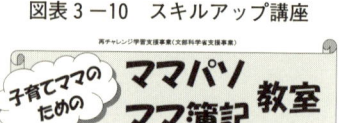

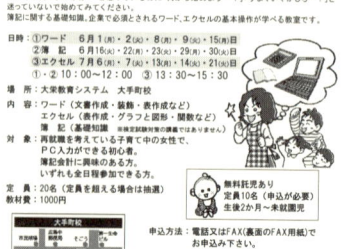

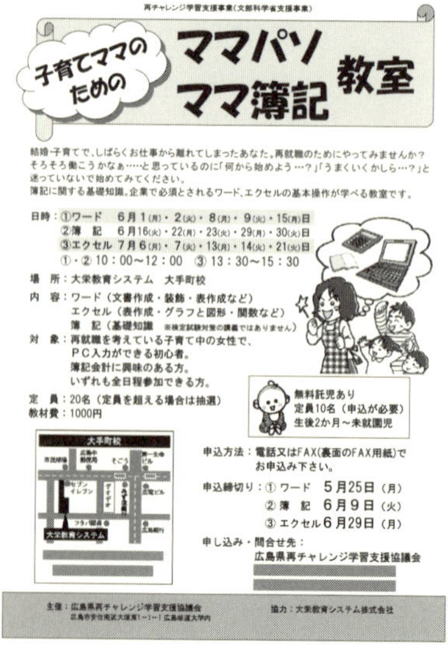

は比較的集まったが、ほかの講義についてはパソコン入門講座以外の申込は少なかった。

簿記は経理の仕事で資格にも結びつくと判断されるようで有益だが、ほかの講座は、将来へのイメージがつきにくい。その意味で短期の講座としては有益でないようである。もちろん、各講座においても講義に対する受講者の反応はよく、さらに有料で資格取得を目指した受講生も多い。

逆にパソコンスキルについては、企業にとって「あるといい」から「できて当然」になっている。このため、受講ニーズは高い。しかも女性の場合、パソコンの普及時期にちょうど子育てに入った世代は、パソコン能力を有しない状態で現在にいたっている人も多い。その意味では、パソコン講座は、子育て終了後の就業先を検討する女性にとって有益な講座なのである。

2009年度は、成果がみられる講座に特化することとし、簿記経理講座とパソコン講座に絞った。場所も、広島を中心としたが、女性支援を推進するため、子育てママ講座を多く展開した。また、無料では受講意識が低くなるという傾向から、テキスト代（1000円）を

徴収した。

　パソコンのスキルは，就業を目指す人以外でも向上意欲が高い人は多い。そうした彼らを分けて，本当に就職のためのスキルアップを目指している人を選択することが課題だった。ただ，結果としてハローワークから積極的に講座の紹介をしていただくことができた。約半数近くがハローワークからの紹介である。その意味では連携が功を奏したものと考えている。

　特に2年目は，以下の①〜⑤のように目指すレベルを明確にした。ちなみに，このレベルは私たちが提示したものではなく，大栄総合教育システムが自身で提示したものである。不満があったという意見は，「レベル内容の確認をしなかった自分が悪いが少し入門過ぎた。ただ，今まで知らなかったこともちろんあり勉強になりました」など，講座の性格を間違えて受講した人の意見である。講座自体のものではない。

①ワード基礎講座：業務等で使用する基本操作をマスターし，ビジネス文書の作成，チラシやPOP等の作成ができ，一般的な文書を作成できるレベルを目指す

②ワード応用講座：詳細な書式設定方法，表の編集方法，オートシェイプ・ハイパーリンク設定等をマスターし，今までよりも見栄えのよい文書を作成できるレベルを目指す

③エクセル基礎講座：表からのグラフの作成，基本的な関数を使用し，見積書等を作成できエクセルの基本操作を習得できるレベルを目指す

④エクセル応用講座：より応用的な関数機能を使っての複合グラフの作成，データベース等の活用方法をマスターし，業務の効

率化が図れるレベルになることを目指す
⑤簿記入門講座：簿記について一連の流れを学習し，経理関係の業務において記帳処理など最低限の知識を習得できるレベルを目指す

　講座の理解度，満足度についてだが，2009年度の場合，パソコン関係の講座は193名中166名，簿記講座は69名中51名が，「大変満足」「満足」であった。スキルアップ講座は，受講生としても目的が明確なため，満足度が高いということは，スキルアップにつながっているといえるだろう。

　受講の感想としても，「熱血先生の熱血指導。うっとり。帰って復習すると倍の手間取りであったが多謝多謝！」「短期間だったが，エクセルの操作について分かりやすく簡潔に教えていただいたと思う。またパソコンの基本用語の説明もあり今までの自分が誤って理解していたことなどわかった」「今まで複雑な操作だと思い込んで一度も使ったことがなかった機能を講座で説明していただいて，これだったら今後使えるかなと少し自信が持てた」「講師の方が非常に分かりやすく説明してくださった。「なるほど！！」と思うことが多かった，新しい機能を知った」「自宅で独学で使用していた時には知らなかった使い方を知ることができた。授業内容も無理なくわかりやすい内容でした」「一人で勉強するのと違い質問等にも答えていただけてよかったと思います」「時間，日にちがちょうどよかった。託児が付いていて大変助かった。これがなければなかなか積極的に受けようと思えなかった」「テキスト代だけで5回の受講。最初受ける前はあまり意味がなく終わると思っていたが，内容は濃く，先生の説明・授業も大変熱心で基礎的な部分には理解できるよ

うになりました。単なる5回だからという感じの授業ではなく，一生懸命教えてくださって本当に感謝しています」「会社で必要かなと思うところをピックアップしてくださったので」（簿記）など，前向きの感想が多かった。

　普段は有料で講義している講師に講義してもらうのである。評判がよいのもうなずける。

（3）スキルアップ講座を就業支援に位置づける

　スキルアップ講座は，再就職などを目指さない人にとっても魅力的な講座である。無料で実施し，スキルアップを目的とした就業支援を意図するためにハローワークを中心に広報活動を行なった。実際，2009年度では193名中88名（パソコン），69名中30名（簿記）がハローワークでチラシを見て応募している。その意味では有益であったといえるだろう。

　また，図表3－11のような，3カ月後アンケートを実施した。すると，267名中141名から回答を得ることができた。

　この受講3カ月後の追跡調査結果を参照すると，52名が資格取得の学習を続けている。具体的には，簿記関係（日商簿記3級，2級など）33名，パソコン関係が4名などであった。簿記の場合は資格取得までを目指すのに対し，パソコン技能は資格を強く求めず，むしろ技能取得に主眼をおいていることがわかるだろう。

　また，受講終了後，就業や社会活動に取り組むようになったのは45名であった。パソコン講座を受講生で，「自信を持って『パソコンが使える』と面接時に言えます」「PTAや子供会で，学習したパソコンの知識を使い資料等を作成している」という意見もあった。

図表3-11 講座終了後アンケート

```
                    講座修了後アンケート
 該当項目には○を付け, (      )には具体的な記入をお願いいたし
ます。
 Q1, あなたは受講修了後, 資格取得の勉強を始めましたか
              はい(資格名        )  いいえ
 Q2, 受講時未就職者の方のみお答えください。受講後, 就職(パー
    ト, アルバイト, 契約社員, 期間社員等含む)されましたか。
              はい          いいえ
 Q3, 受講終了後, 社会参加(地域活動, ボランティア等への参加)さ
    れましたか
              はい(具体的な内容    ) いいえ
 Q4, すでに仕事をされている方のみお答えください。
       仕事の質(効率)が向上した。または, 仕事に役立っている。
              はい          いいえ


 御協力ありがとうございました。


       住所
       氏名
       受講講座名
```

図表3-12 アンケート集計

講座名		Q1		Q2		Q3		Q4	
		はい	いいえ	はい	いいえ	はい	いいえ	はい	いいえ
1	ワード基礎	1	8	3	6	0	9	3	0
2	ワード応用	2	7	3	4	0	9	6	0
3	エクセル基礎	2	6	1	5	1	7	6	0
4	エクセル応用	5	8	1	11	4	9	3	0
5	ママPCワード	0	8	4	4	3	5	3	0
6	ママPCエクセル	1	11	3	9	3	9	3	0
7	簿記入門	10	5	2	11	2	13	3	0
8	簿記入門	6	4	1	5	0	10	6	0
9	ママ簿記	5	13	3	14	5	13	4	0

注:未記入部分あり

また，定職に就いている人にとっても，「効率が向上した」という意見も46名と多かった。

(4) スキルアップ講座の特徴

本講座の特徴は，資格取得が可能な講座について，資格取得自体を目的とせず，講座の概要を紹介することで，仕事に必要な知識や能力に寄与することを目指したものであった。

もし，その後，自分に関心のある内容で，資格取得を目指そうと考えるのであれば，続いて有料だが資格取得を目指すことも可能である。

また，パソコン技能は企業にとっての必須の技能になってきている。このため，スキルアップ講座の柱に据えている。また，女性の場合，ちょうどパソコンが普及したときに，結婚，育児に入ってしまう女性も多く，意外にパソコンの習熟度が低いという理解から，女性向けのパソコン講座を積極的に設定したところも特徴である。もちろん，その場合は託児施設を設置した。こうしたこともあり，応募者も多かった。

パソコン講座は，器材を利用するため，ほかの講座とは異なり，パソコンの数量に合わせてしか講座を開講することができない。この定員の限界という難点がある。ただ，できるだけ多く開講することで，多くの人への支援ができたといえるだろう。

受講の成果は指摘したとおりだが，学習機会の提供機関にとっても効果があったようである。3点ほど指摘しておこう。

一つ目は，学習機会提供機関としては，かかる社会貢献事業としては実施していなかった。よって，こういった講座実施，事後アン

ケートを受けて，講師などにとっても，「やりがい」があったようである。

　二つ目は，託児を実施することで，応募者が増えたことである。託児施設を設置すること自体，提供機関としては冒険だったが，やってみると気軽にできるということで，一つの成功事例として注目できるだろう。

　三つ目は，行政（生涯学習機関）と連携する機会があったことで，かかる講座開講がなされたということである。実際，行政としても，パソコン講座などのニーズが高いことは周知のことである。しかし，適切な講師がみつからないことが多かった。これが，このような形で講師を派遣することで，講座開講を可能としたのである。

（5）スキルアップ講座の開講について

　簡単に，スキルアップ講座についての事業実施について紹介してきた。スキルアップは，こういった講座としては副次的なものといえるかもしれないが，学習した効果が資格取得という形で明確に見えることで自信につながることは確かだろう。スキルアップ講座は，非常に関心が高いところであるが，その講座ニーズは，不変のものと変化するものとがある。現在，パソコン講座に人気があるとしても，それに安住するのではなく，いろいろと情報を収集し，ニーズを把握しながら新しい

写真3－1　スキルアップ・パソコン講座

講座を展開することが求められる。

　また，資格取得自体を目的にすると，時間も嵩むし，費用もかかる。しかも，民業圧迫にも結びつく。こうしたことから，資格取得ではなく，就職に必要な内容に絞り込むというコンセプトを重視した。さらに勉強したい人は，そのまま有料で受講すればよい。

　また，パソコンについても，これまで使用できなかったことがわかること，少ししかできなかったことが新しい知識を学び技能を身につけること，こうしたことで，自分自身で学習するようになった。また，作業が進むことで自信につながる。学習効果がマインドアップにつながる事例ともいえる。

6．子育て中の女性を支援する

（1）身近なチャレンジ支援講座

　女性は一度就職しても，そのあと結婚，出産をきっかけに退職する場合が多い。もちろん，休暇を取得し，出産後再び職場復帰する人はいるが，必ずしも多くはないのが現実だ。

　ただ，出産育児後，社会復帰を考える女性は多い。出費が嵩み，家計を圧迫することで共働きを余儀なくされる場合も多いが，ほかに子育てだけでなく，社会と関わっていくことを希望する人も多い。先に人材ニーズ調査の結果を紹介したが，企業も女性が再就職する場合，多くは「即戦力」「さまざまな社会経験」を期待する。出産後における女性の就職希望先は，一概にはいえないが，①近所の事務職，②仕事の終了時間が決まっているなど，職種にこだわらず，労働条件を重視するところに特徴があるようだ。よって，雇用

が不足しがちな中小企業などにとって有益な人材になるだろう。ただし,子育て中の女性の雇用には多くの壁があり,これらを乗り越えていく必要があるだろう。

子育て中の女性は子育てが生活の中心となり,自分のことを見失われがちである。また,子育てが終了したあとも,社会復帰を見通せない人も多い。社会復帰の可能性があるとしても,どのようなことをすべきなのかわからない人も多くいる。

以上のような状態をふまえ,本講座は,主として子育て中の女性を対象に,社会復帰(再就職や社会参画)を支援するものである。

(2) 身近なチャレンジ支援講座

本講座では,まず二つの点に留意した。

一つは,本講座の対象者(子育て中の女性)の特質から,必ず託児施設を用意したという点である。

もう一つは,できるだけ身近な場所で実施するようにしたという点である。各地の公民館などを利用し,地元NPOと連携しながら事業を実施した。同事業は県下各所で実施したが,2年半のうちで広島市を除けば1度しか開催できない。つまり,同事業を引き継いでいくためにも重要であるリピーターを受け入れるほどの講座設定の余力はないということだ。

写真3-2　受講生向けの仮設託児施設

講座は,5回で実施した。1～2回目で,キャリアコン

サルタントの資格をもつ同一講師によりマインドアップを意図したものとし，自己発見，仕事観についての講義である。3～4回目は，コミュニケーション力，ビジネスマナー，保険・税金などの仕事の基礎知識を学び，5回目で21世紀職業財団の再就職担当者を講師に招き，仕事を見据えた意見交換を行なった。

　講座の内容は，網羅されているとはいえないが，社会参加へのきっかけづくりにはなっただろう。講座の内容については，「ずっと専業主婦をやっていて，社会から取り残されている孤独感，社会へ出て行くことへの不安感で一杯でしたが，自分ひとりがそうではないと分かり安心した」「一方通行の講座ではなく，皆さんとディスカッションできる場もあり，客観的に考えることができた」「一つ一つの講座は入り口の部分で，深い話が聞けると良かったです。廿日市の具体的な就職状況などはかなり有益でした」「楽しい講座内容で家の中だけでは得られない情報も聞け，毎回刺激を受けて帰りました」「現実に目を向ける機会は今まで無かった」と，自宅にこもりがちな子育て中の女性が，再チャレンジの可能性をさぐる機会になったようである。

　また，この講座修了後，受講生の多くが21世紀職業財団の再就職応援メニュー（セミナー，グループ面談，企業との交流会など）へ登録し，次のプログラムにもつなげている。

（3）身近なチャレンジ支援講座に対する反応

　本講座受講生は，就業への切実さはそんなに大きくはない。可能であれば，就職したいという人も多い。そして，実際に就職する場合，家族や企業の理解など，就職（仕事）に必要な能力とは異なる

意味で乗り越える課題は多い。先に紹介した人材ニーズ調査（図表補-18）を参照しても、「介護休業」「短期間勤務」「フレックスタイム」「学校・保育園等の行事休暇」「企業内託児施設」など、女性が期待する支援制度は、ほとんどの企業でなされていない。こうした職場環境を整備することが、再チャレンジを可能とする要素になるだろう。

結果、事後アンケート（回答数83名）でも、「勇気が湧いた」43名、「将来に備えたい」38名と、講座を参加したことに対する積極的な意見を聞くことができている。ただ、「現実は厳しい」24名と、女性の再チャレンジへの現実の困難さがあわせて指摘できる。

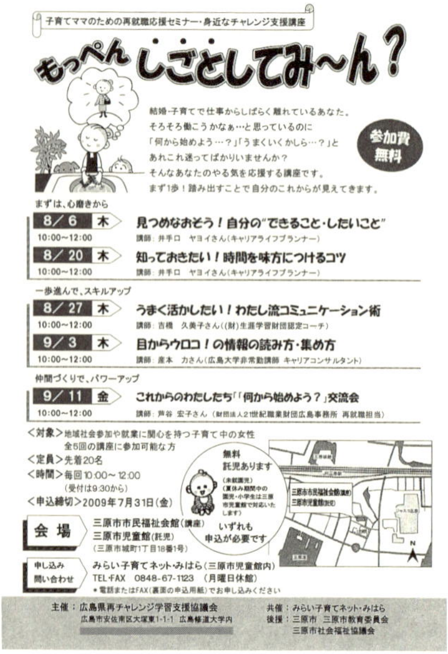

図表3-13　身近なチャレンジ支援講座

講座に対する意見も「子育て世代ばかりが集まり、再就職という同じ目的を持って学べてよかったし、良い刺激になった」「同じことを考えている人と友達になり、今でも、色々とやり取りができることで、自分の中のもやもやが減ってきた」「再就職するに当って、『自分はどんな仕事に向いているんだろ

図表3－14　身近なチャレンジ支援講座の事後調査アンケート集計

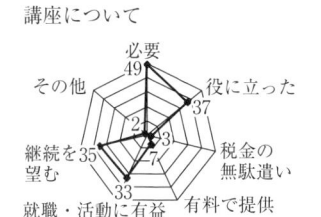

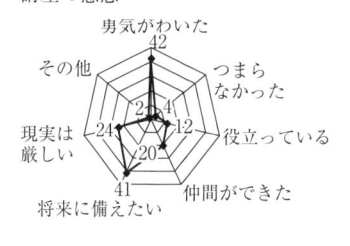

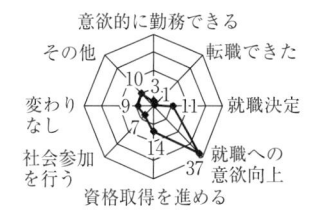

講座について
- 必要 49
- 役に立った 37
- 税金の無駄遣い 2
- 有料で提供 7
- 就職・活動に有益 33
- 継続を望む 35
- その他 (値不明)
- (中央付近) 23, 7

ご自身の変化
- 意欲的に勤務できる 10
- 転職できた 3
- 就職決定 11
- 就職への意欲向上 37
- 資格取得を進める 14
- 社会参加を行う 22
- 変わりなし 9
- その他 (値不明)

講座の感想
- 勇気がわいた 42
- つまらなかった 4
- 役立っている 12
- 仲間ができた 41
- 将来に備えたい 20
- 現実は厳しい 24
- その他 2

受講者性別
- 男性 0%
- 女性 100%

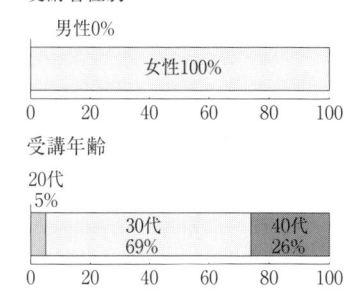

受講年齢
- 20代 5%
- 30代 69%
- 40代 26%

うか』『何がしてみたいのだろうか』いろいろ自分を見つめ直して考えます。そのサポートをしていただいて感謝しています」など，積極的な意見が多く寄せられている。子育て中の自分を見つめ直し，前進するきっかけづくりになったといえるだろう。

実際，「就職決定」11名，「社会参加」22名と，具体的に再チャレンジを実現した人もいる。また，実現の準備として「資格取得を進める」14名，「就職への意欲が向上」37名となっている。「今までやっていなかった求人情報に目を通したり，求人票をネットで検索閲覧したりするようになった」と，これまでなされていなかった行動がなされたり，「消費生活アドバイザーの通信教育を1年間やり

遂げた」「ホームサロン開業に向けて，資格取得の勉強を進めている」など目標を設定し，取り組む人も出てきている。

（4）地域密着による身近なチャレンジ講座

本講座は，子育て中の女性に対し自分自身を取り戻す機会になっている。また受講生同士で話し合うことで，悩みを共有・共感することができ，新しい一歩を踏み出す動機づけになっている。社会参加を積極的に進める意味でも，このような子育て中の女性に対する支援講座が公民館を中心に開催することが望まれよう。その場合，託児施設を用意することが望まれる。

地元企業への即戦力としても期待でき，地域経済の活性化を促すためにも，かかる講座があるとよいだろう。

5回程度で完結する講座については，「もっと回数があると良い」という意見もあるが，逆に回数が多いと出席することに負担になることもありうる。その意味では，5回程度でまとまった講座がよいだろう。ワークショップなどを積極的に取り込み，お互いの話ができれば，孤独感を脱することができるものと思われる。

ただし，就業に対する受け皿を創り出すこと（労働市場を拡げること）も必要だ。かかる女性が勤めやすいような勤務形態（たとえば，9～15時とか，10～16時など）があるとよいかもしれない。

先のニーズ調査では，「子育ての両立」が勤務の課題とされている。ただ，今後，女性の就業を支援し，社会進出を促進していくためには「子育てするものだ」ということを前提とした勤務形態が求められるだろう。そして，こうした企業に対し，行政などによる法的，財政的な支援が求められるところである。

7．女性のためのステップアップ支援講座

（1）女性のためのステップアップ支援講座

2007年度は，出産，子育て中の女性を対象とした学習支援「身近なチャレンジ支援講座」を実施するとともに，就職し，身近な相談者としての役割を果たす，メンター養成講座を開設した。ただ，中高年の女性などを対象とした就業支援も必要であることから，設定したのが女性のためのステップアップ支援講座である。

2008～2009年度にかけて，都市部を中心に6回（広島市2回，福山市2回，廿日市市，東広島市）実施した。地元自治体などと調整しながら実施し，合計122名の受講生数を得た。

本講座を受講したことで，「長期間にわたって求職活動をしている時に本講座を受け，仕事観が変わり，非常勤職員の就職が決定した」とか，「再々就職に戸惑いがあったが，講座を受けることで自信と意欲をもらった。その後，資格取得，前向きに生きるきっかけになった」など，講座受講で仕事観を変えることができ，前向きに取り組む受講生が見られたり，「自分さがしの講座や『転職に向いている人，向いていない人』など，具体的な話を聞き，自分の中ですっきりした。現在の仕事に前向きに取り組めるきっかけとなった」など，仕事に積極的になる人もいた。

本講座は，就業中の女性や再就職を考えている女性を対象としている。ヒアリングや人材ニーズ調査によれば，マインドアップ，コミュニケーション能力・プレゼンテーション力が重要であるとの調査結果が出されている。よって，かかる内容に先輩からのメッセー

ジ，企業の求める人材などを盛り込み，全5回の講座プログラムを作成した。

講座の概要を紹介しよう。1～2回目はマインドアップを内容とし，自己のキャリアのふり返りを自己理解・自己肯定へとつなげる内容としている。3～4回目では新たなキャリア選択をめぐる実践的な知識習得とスキルアップにした。5回目では，多様な働き方のモデルとして，派遣やパート労働から正社員になった人や在宅ワークから起業した人の発表を聴講し交流した。いずれの回も講義と，グループワークを合わせた形式で実施し，意識の変化から行動化への契機となるような工夫をした。

応募も定員を上回ることが多く，講座のニーズは高い。また，この講座は，日曜日や夜間に開催することもあり，就業中の受講生やメンター養成講座受講生なども多く参加していた。

講座については，「自分自身の将来を考える上で，とても参考になった」「長い人生の中，今回の講座で学んだことが，将来を考える時，良いエキスになると思うし，意欲的な仲間との対話で勇気が湧き，前向きに現実の仕事に向き合えた」「自己研修できる機会に恵まれ，大変有意義な講座を受けることができた」など，仕事に対する疑問などにも前向きに考えることができているようである。また，「仕事観」に影響を与え，前向きに就職（仕事）を考えるようになった人もいた。「契約社員解雇後，長期間にわたって求職活動をしている時に本講座と個別相談を受けることで「仕事観」が大きく変わり，非常勤職員で就職決定。産業カウンセラーを目指して仕事と並行して研修を1年間受けている」「専業主婦から起業した人などの体験発表を聴講し，また，個別相談により「仕事観」が変わ

り，1カ月半後に就職決定。今の仕事に満足しており，自分の意外な可能性を見出した」などといったコメントがそれに当たる。ほかにも仕事そのものに対する意識が向上している。「1年後にパート勤めを考えている。時間を守ることの大事さを学び，日々のスケジュールを管理している。意識的に行動するようになった」「一般事務や長期就業にこだわっていたが，他の形態で経験を積んで，本当に就きたい仕事を見つけたいと考えるようになった」などという意見である。

図表3-15 女性のためのステップアップ支援講座

本講座は，2008年度は，広島市，東広島市，福山市，2009年度は，広島市，廿日市市，福山市で開催した。広島市以外でも積極的に取り組んだが，市外での講座は受講生にとっては「何かしたいと思っている人たちを支えるような，このような活動は地味だが，とても大切だと思う」など，有益であることは間違いないが，継続を望む受講生が多く，とりわけ地方では，継続的に講義が開講できないことが課題となっている。

企業の研修は主に男性が対象となっており，女性には行なわれない傾向がある。かかる現実もふまえ，キャリアアップを目指す女性

を支援する本講座は意味があるといえるだろう。また，仕事上における女性特有の課題を解決する意味でも有益である。もちろん，再チャレンジを目指す受講生にとっても，意欲を向上させ，社会参加や就職に前向きに取り組むようになっている。

（2）女性のためのステップアップ支援講座への提言

ステップアップ支援講座は，社会参画や再就職・起業を目指す中高年の女性を主たる対象としながら，就業中の女性に対しても支援した。内容はコミュニケーションとマインドアップが中心である。パソコンなどのスキルアップも大事だが，継続して仕事を続けることで疑問をもったり，過去をふり返ることで自己を見直したり，同じ環境を共有できる仲間をつくっていくことも大事だろう。

実は，本講座は文部科学省の委託事業として最初から指示された事業ではない。こちらから提案して実施した取り組みである。感想などを参照すると，「仕事観が変わった」ことを記している人が多い。本人のキャリアを見直し，起業や就業などの可能性を探るとともに，現職の仕事のよさを発見できるような講座として意味があるといえるだろう。

今回のステップアップ支援講座は，仕事に対する女性特有の課題に応えるため対象者を女性とした。ただ，実は男性が受講しても構わないと考えている。「女性がどのようなことに悩んでいるか」「女性が多い職場で如何にマネジメントしていくか」など，さまざまな課題に応えられる内容が含まれており，女性が多く勤めている職場において男性が管理職であった場合，このような講座に参加することは有益であるに違いない。

8．女性のためのメンター養成講座

（1）メンターの必要性

　女性支援の裾野を広げるためにも，身近な先輩として「よき理解者・よき相談相手」となれるような人材＝メンターを養成する必要がある。このため，就業経験や社会参画などで経験豊富な人を対象にメンター養成講座を開講した。社会参画への意向をもちつつも叶わずにいる女性たちに対して，身近な相談役として活躍できる力量を修得することがねらいである。

　メンター養成講座を考えたとき，5回講座では不充分である。メンター養成のプログラムを構築しようとすれば，より密度の濃い充実したプログラムを検討する必要があるだろう。ただ，本協議会は，2年半の事業で終了することがわかっており，協議会として本プログラムを維持しつづけていくことは困難である。その意味で，県や市の講座や活動と連携させていくことや，フォローアップ講座の設置を前提に，5回講座に抑えるようにして実施した。

　よって，メンターに必要な能力は，コミュニケーション能力と，カウンセリングマインドであるという立場から，かかる力量の修得を目指した。

　講座の内容は，以下のとおりである。

①自己理解・他者理解のための研修（講義・演習）
②コミュニケーションの基礎理解（演習・講義）
③時代に対応する相談者となるために必要な働く人の取り巻く現状理解

102　第3章　地域に向けた実践的学習支援事業

図表3-16　女性のためのメンター養成講座

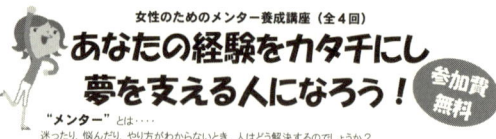

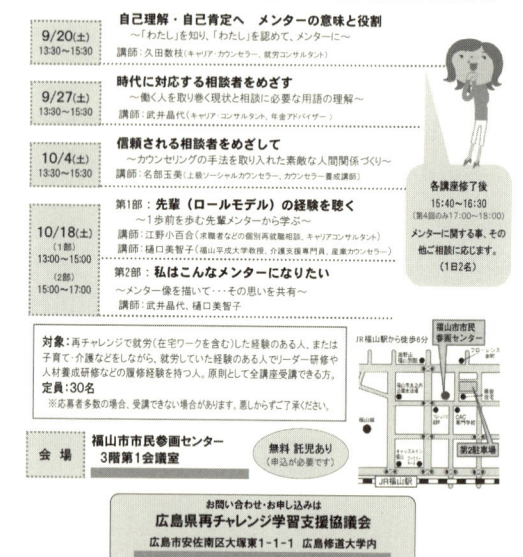

④相談者としての経験者による実践活動・意見交換

　講座は,「今まで学んだことの無い内容で毎回感動した。また多くの人との出会いの中から自身の活動を奮起させることができ,前向きな自分になれた」とか「相談員として人との接し方が参考になった」「地域で活動する中でも若い人たちの力になれることを続けていきたいと思った」など,メンターとしての資質の向上や可能

性を探る意見が寄せられた。

　他方で内容がグループワークばかりとなったことに不満を述べる人もいたことは否めない。本講座の性格上，講座スタイルはグループワークが大きな柱であることは理解できるが，講義とのバランスが課題である。また，講座の感想でも「4回ぐらいの講座では深いところは無理」というコメントがあるように，本来であれば，メンター養成講座は，もう少し長期的なプログラムで実施すべきなのかもしれない。かかる講座を本格的に遂行しようとするのならば，他県のプログラムなどの成果をふまえつつ，検討を進める必要があるだろう。

（2）講座を通じて自己変革

　メンター養成講座は，5回講座で実施した。メンターの活動の場が充分に保障されていないなかで，多くの内容を盛り込むことはあまり得策ではないだろう。よって，この講座のみで独立させるのではなく，女性支援機関と連携し，講座をつなげていくこと，また，フォローアップ講座を開催し，定期的に情報交換を行ない，事業の継続を図るほうが有益であると考えられる。

　「多才な講師の講座は濃密で，自らを問い続けることだった。具体的に自分と違う方がいらっしゃることを実感し，同じ時を共有できた上に，エネルギーをもらった」「自分の生き方を見直すチャンスは，いくつになっても与えられるべきだと思う。心身の健康のためにもよい。すぐに形にならなくても，長く続けていけばよい結果をもたらす」などと，講座を通じて自身の生活を見直す機会になっている。

104　第3章　地域に向けた実践的学習支援事業

　講座修了後の活躍を参照すると,「キャリアドバイザー認定資格を取得すると共に, ハローワークで非常勤職員として相談員などを務めている」とか,「大学病院の院内学級の教員として就職」「キャリアドバイザーの認定資格を取得し, 講座企画, 講座講師, キャリアカウンセリングをしている」など, 相談員として積極的に参加している人も見られる。また,「個人病院で赤ちゃん体操を教える中で, 母親の子育て不安をしっかり受けとめ, 傾聴することを心がけるようになった」「受講後,「子育て支援」と「読書を進める会」において精力的に活動をしている。講座で学んだコミュニケーションや傾聴などが役立ち, 人間関係がうまくいっている」「講座終了

図表3－17　「女性のためのステップアップ支援講座」と「女性のためのメンター養成講座」の二つを合わせた事後調査アンケート集計

講座について

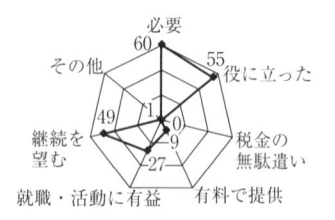

- 必要 60
- 役に立った 55
- 税金の無駄遣い 0
- 有料で提供 9
- 就職・活動に有益 27
- 継続を望む 49
- その他 11

ご自身の変化

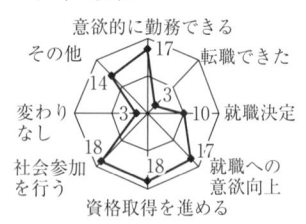

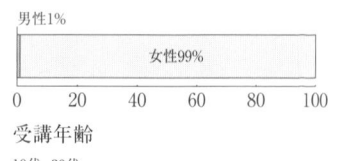

- 意欲的に勤務できる 17
- 転職できた 3
- 就職決定 10
- 就職への意欲向上 17
- 資格取得を進める 18
- 社会参加を行う 18
- 変わりなし 3
- その他 14

講座の感想

- 勇気がわいた 33
- つまらなかった 3
- 役立っている 38
- 仲間ができた 39
- 将来に備えたい 26
- 現実は厳しい 15
- その他 17

受講者性別
男性1%　女性99%

受講年齢
10代 0%　30代 22%　40代 35%　50代 20%　60代以上 20%

後，呉市の保健所主催の「認知症アドバイザー研修」後，キャラバンメイト（認知症）と認知症アドバイザーとなって活動している」など，仕事に生かしている受講生も多くいた。

　本講座を継続受講したり，メンターフォローアップ講座，女性のためのステップアップ支援講座の受講などの講座受講を促したりした。また，各人が産業カウンセラーや心理カウンセラーなどを目指した人もいた。

（3）メンター養成講座に対する提言

　メンター養成講座の講座内容について述べると，1度の講座だけでは不充分である。その意味では，一層の吟味が求められる。ただ，いえることは，地域（コミュニティ）のなかにおいて身近な先輩（＝メンター）の存在自体は必要不可欠となっている。これはおそらく，女性だけではないだろう。男性においても同様である。ただ，そのためには基盤づくりが求められよう。受け皿をつくることが大事である。他方で既存の組織のなかでの相談員の育成としても求められるところである。さまざまなカウンセラーを育成するつなぎとしても，かかる講座は必要だと思うし，また，単にカウンセラーになる意志がなくとも管理職などへの講座として，スキルアップだけではない要素として盛り込んでもよいだろう。

　また，メンターとしてだけでなくても，相談員に対しては定期的に意見交換の場があってもよいだろう。地域や世代，社会情勢によって相談の内容は異なってくる。それに対する具体的な解決策を導き出すには，情報交換の場は欠かせないし，必要な講義も求められる。

9．生涯学習としての再就職学習支援

　今回，広島県再チャレンジ学習支援協議会を実施したことで，さまざまな人を対象とした社会参画への学習支援が実現できた。この事業は，大学で学習支援をするのではなく，地域で学習支援をするという意味で大きな違いがある。特に留意すべきは，実施するに当たり，公民館など公共機関を利用して講座を開講するという意味で，公共性が強いものであるという点にあるだろう。つまり，多くの人々に対し，適切かつ効果的な学習機会を提供することが求められるということだ。

　一般に生涯学習といえば，仕事から引退した人を対象とし，内容も教養科目を中心としていた。それに対し，今回の実践的教育支援は，より若い世代を対象としたものといえるだろう。そして，かかる講座はより切実であり，社会的要請に応えたものである。

　今回実施した内容は，多くは運用指針に基づいたものである。だから，事業自体は決して私たちのアイデアではない。ただ，そのなかで，協議会のメンバーの意見を聞きながら，創意工夫し，改善したものが，今回の取り組みである。

　アンケート結果や出席状況を見る限り，反応は決して悪くはないだろう。また，民間団体の協力も幅広く得ることができ，講座，内容などを多面的に高く評価できるものになったと確信している。

　問題は継続性である。今回，かかる実践的教育のモデルを紹介してきた。私はかかるモデルを参考にしながら，現状に即して講座をつくっていくことが大事であると考える。

現場の意向などをふまえつつ実施すればよいと思うが，私としては5回程度の短い講座を実施することがよいと考えている。長すぎると冗長になるだろう。必要であれば，入門編（導入編），基礎編，中級編，応用編などに分けて実施するのもよいだろうし，他機関の事業と連携するのもよいだろう。

いずれにせよ，講座はある程度固まったら満足するのでなく，現状の企業ニーズや受講生ニーズなどを睨みつつ，常に改善しながら推進していくことが求められるのである。

なお，再就職支援について述べると，学習プログラムとともに大事なのが労働市場の拡大である。さらにいえば，景気の好転である。受け皿がないと，どうしてもモチベーションを下げてしまう。相当，一生懸命学習しても，結果として再就職がうまくいかないと，学習に対する不信感を生じることになる。労働市場の拡大が望まれる。また，多様な労働条件を認めるような施策を推進していくことが重要である。これこそ，企業だけでは改革が難しく，政治・行政の役割が重要となる。

また，「仕事について」選んでしまう傾向があるのも事実である。自己発見やいわゆる「たなおろし」は「自分に何ができるか」ということを考えることなので，仕事への適正を見出すことも当然といえるが，逆に「仕事をすること」とは何か，という本源的なことを忘れがちになりかねない。社会で働く，貢献するという意味から，仕事の意欲を向上させていくことが求められるだろう。

108　第3章　地域に向けた実践的学習支援事業

1. 開設講座一覧

図表3－18　平成19～21年度再チャレンジ事業開設講座一覧

No.	開設年度	講座名	開催地	開催場所	期間	時間帯	時間×回数	定員	申込者数	受講者数	修了者数
1	平成19	1日チャレンジセミナー	福山市	イコール福山	H19.11.23	10:00～15:00	4h×1	20	7	7	7
2	平成19	1日チャレンジセミナー	三次市	三次生涯学習センター	H20.01.16	10:00～15:00	4h×1	20	6	6	6
3	平成19	1日チャレンジセミナー	安芸郡坂町	坂町町民センター	H20.01.20	10:00～15:00	4h×1	20	8	8	8
4	平成19	学びあいセミナー	広島市	広島市まちづくり市民交流プラザ	H19.11.26～H19.12.14	10:00～15:00	4h×15	20	7	7	6
5	平成19	仕事力ステップアップセミナー	広島市	広島市まちづくり市民交流プラザ	H20.01.14～H20.02.12	18:00～21:00	3h×15	20	20	20	20
6	平成19	身近なチャレンジ支援講座	安芸郡海田町	ひまわりプラザ	H20.02.07～H20.02.14	10:00～12:00	2h×2	15	15	15	15
7	平成19	身近なチャレンジ支援講座	広島市	広島市古田公民館	H20.02.29～H20.03.07	10:00～12:00	2h×2	15	15	15	15
8	平成19	女性のためのメンター養成講座	広島市	広島市女性教育センター	H20.02.15～H20.02.29	10:00～15:00 他	4h×2,3h×1	18	30	18	18
	平成19　計							148	108	96	95
1	平成20	パソコン　ワード入門講座	広島市	大栄教育システム大手町校	H20.07.15～H20.07.24	13:30～15:30	2h×7	20	41	20	17
2	平成20	パソコン　ワード入門講座	広島市	大栄教育システム大手町校	H20.10.14～H20.10.22	10:00～12:00	2h×7	20	46	20	18
3	平成20	パソコン　ワード入門講座	広島市	大栄教育システム広島駅前校	H20.11.06～H20.12.01	13:00～15:00	2h×7	20	33	20	20
4	平成20	パソコン　ワード入門講座	廿日市市	廿日市商工会議所	H20.12.08～H20.12.25	15:00～17:00	2h×7	10	21	10	10
5	平成20	パソコン　エクセル入門講座	広島市	大栄教育システム大手町校	H20.08.04～H20.08.12	10:00～12:00	2h×7	20	48	20	15
6	平成20	パソコン　エクセル入門講座	広島市	大栄教育システム広島駅前校	H20.09.04～H20.09.25	13:00～15:00	2h×7	20	37	20	15
7	平成20	パソコン　エクセル入門講座	広島市	大栄教育システム大手町校	H21.01.13～H21.01.21	19:00～21:00	2h×7	20	41	20	18
8	平成20	パソコン　エクセル入門講座	廿日市市	廿日市商工会議所	H20.12.08～H20.12.25	13:00～15:00	2h×7	10	59	10	10
9	平成20	パソコン　CAD入門講座	広島市	大栄教育システム大手町校	H20.09.08～H20.09.17	10:00～12:00	2h×7	20	14	14	10
10	平成20	パソコン　子育てママエクセル	広島市	大栄教育システム大手町校	H20.10.30～H20.11.13	10:00～12:00	2h×3	20	94	20	18
11	平成20	パソコン　子育てママエクセル	広島市	大栄教育システム広島駅前校	H20.11.27～H20.12.11	10:00～12:00	2h×3	20	69	20	17
12	平成20	パソコン　子育てママエクセル	廿日市市	廿日市商工会議所	H20.12.10～H20.12.15	10:00～12:00	2h×3	10	22	10	10
13	平成20	パソコン　子育てママエクセル	廿日市市	廿日市商工会議所	H20.12.18～H20.12.25	10:00～12:00	2h×3	10	22	10	10
14	平成20	簿記入門講座	広島市	大栄教育システム大手町校	H20.07.28～H20.08.01	13:00～15:00	2h×5	20	48	20	16
15	平成20	簿記入門講座	呉市	呉市山の手会館	H20.08.04～H20.08.18	10:00～12:00	2h×5	20	2	2	2
16	平成20	簿記入門講座	広島市	大栄教育システム広島駅前校	H20.09.04～H20.09.18	19:00～21:00	2h×5	20	18	18	12

9．生涯学習としての再就職学習支援　109

17	平成20	簿記入門講座	広島市	大栄教育システム大手町校	H20.10.16～H20.10.30	19:00～21:00	2h×5	20	20	20	16
18	平成20	簿記入門講座	広島市	大栄教育システム紙屋町校	H20.12.01～H20.12.05	10:00～12:00	2h×5	20	20	20	17
19	平成20	簿記入門講座	広島市	大栄教育システム大手町校	H20.12.01～H20.12.15	13:30～15:30	2h×5	20	18	18	16
20	平成20	簿記入門講座	福山市	大栄教育システム福山校	H20.12.11～H21.01.19	19:00～21:00	2h×7	20	2	2	2
21	平成20	簿記入門講座	広島市	大栄教育システム広島駅前校	H21.01.15～H21.01.29	19:00～21:00	2h×5	20	27	22	15
22	平成20	簿記入門講座	廿日市市	廿日市市役所	H20.12.09～H20.12.22	12:30～14:30	2h×5	20	39	39	34
23	平成20	資格取得講座（宅建入門）	広島市	大栄教育システム大手町校	H20.07.07～H20.07.16	10:00～12:00	2h×5	20	9	9	6
24	平成20	資格取得講座（宅建入門）	広島市	大栄教育システム大手町校	H21.01.07～H21.01.21	13:00～15:00	2h×5	20	6	6	4
25	平成20	資格取得講座（社会保険労務士入門）	広島市	大栄教育システム大手町校	H20.09.01～H20.09.05	10:00～12:00	2h×5	20	4	4	4
26	平成20	資格取得講座（FP入門）	広島市	大栄教育システム大手町校	H20.12.01～H20.12.10	10:00～12:00	2h×5	20	7	7	7
27	平成20	資格取得講座（FP入門）	広島市	大栄教育システム大手町校	H21.01.06～H21.01.16	10:00～15:00	2h×5	20	10	10	9
28	平成20	資格取得講座（FP入門）	福山市	大栄教育システム福山校	H21.01.06～H21.01.27	13:00～15:00	2h×6	20	6	6	5
29	平成20	資格取得講座（ビジネス実務）	広島市	大栄教育システム大手町校	H20.10.14～H20.11.11	19:00～21:00	2h×5	20	3	3	3
30	平成20	資格取得講座（ビジネス能力）	広島市	大栄教育システム大手町校	H21.01.07～H21.01.19	13:30～15:30	2h×5	20	4	4	3
31	平成20	資格取得講座（秘書ビジネス）	広島市	大栄教育システム大手町校	H21.01.22～H21.01.30	10:00～12:00	2h×5	20	7	7	5
32	平成20	社会人基礎力アップ講座	広島市	広島市まちづくり市民交流プラザ	H20.07.07～H20.07.11	18:30～20:30	2h×5	20	13	13	13
33	平成20	社会人基礎力アップ講座	広島市	広島市まちづくり市民交流プラザ	H21.11.04～H21.11.21	19:00～21:00	2h×5	20	13	13	13
34	平成20	ニート保護者向け講座	広島市	広島市まちづくり市民交流プラザ	H21.07.06	13:00～18:00	5h×1	15	26	26	26
35	平成20	ニート保護者向け講座	広島市	広島市まちづくり市民交流プラザ	H20.11.23	13:00～18:00	5h×1	15	26	26	26
36	平成20	身近なチャレンジ支援講座	呉市	呉市内山コミュニティひろば	H20.09.09～H20.10.07	13:00～15:00	2h×5	20	16	16	16
37	平成20	身近なチャレンジ支援講座	廿日市市	廿日市市総合健康福祉センター	H20.10.02～H20.10.30	10:00～12:00	2h×5	20	22	22	20
38	平成20	身近なチャレンジ支援講座	尾道市	尾道市人権文化センター	H20.10.07～H20.11.11	10:00～12:00	2h×5	20	16	16	16
39	平成20	身近なチャレンジ支援講座	東広島市	東広島市中央公民館	H20.10.21～H20.11.18	10:00～12:00	2h×5	20	34	24	23
40	平成20	身近なチャレンジ支援講座	広島市	広島市亀山公民館	H21.11.05～H21.12.03	10:00～12:00	2h×5	20	22	22	22
41	平成20	身近なチャレンジ支援講座	広島市	エソール広島	H21.01.27～H21.02.24	10:00～12:00	2h×5	20	21	20	19
42	平成20	女性のためのステップアップ支援講座	東広島市	サンスクエア東広島	H20.09.06～H20.10.04	13:30～15:30	2h×5	20	17	17	15
43	平成20	女性のためのステップアップ支援講座	広島市	エソール広島	H20.11.08～H20.12.06	13:30～15:30	2h×5	20	26	26	23
44	平成20	女性のためのステップアップ支援講座	福山市	まなびの館ローズコム	H20.11.15～H20.12.13	13:30～15:30	2h×5	20	23	23	19
45	平成20	女性のためのメンター養成講座	広島市	広島市女性教育センター	H20.06.14～H20.07.19	13:30～15:30	2h×5	20	25	25	23

110　第3章　地域に向けた実践的学習支援事業

46	平成20	女性のためのメンター養成講座	福山市	福山市民参画センター	H20.09.20~H20.10.18	13:30~15:30	2h×4	20	27	27	24
47	平成20	メンターフォローアップ講座	広島市	広島市女性教育センター	H20.05.01~H21.03.05			20	18	18	15
		平成20　計						890	1,114	763	677
1	平成21	パソコン　ワード (基礎) 講座	広島市	大栄教育システム広島駅前校	H21.07.21~H21.07.29	13:30~15:30	2h×7	20	57	20	20
2	平成21	パソコン　ワード (基礎) 講座	広島市	大栄教育システム広島駅前校	H21.10.19~H21.10.27	13:30~15:30	2h×7	20	64	20	20
3	平成21	パソコン　ワード (応用) 講座	広島市	大栄教育システム広島駅前校	H21.08.31~H21.09.09	13:30~15:30	2h×7	20	35	20	20
4	平成21	パソコン　ワード (応用) 講座	広島市	大栄教育システム広島大手町校	H21.10.26~H21.11.04	19:00~21:00	2h×7	20	25	20	19
5	平成21	パソコン　エクセル (基礎) 講座	広島市	大栄教育システム広島駅前校	H21.08.03~H21.08.11	13:30~15:30	2h×7	20	53	20	18
6	平成21	パソコン　エクセル (基礎) 講座	広島市	大栄教育システム広島大手町校	H21.09.30~H21.10.15	19:00~21:00	2h×7	20	41	20	16
7	平成21	パソコン　エクセル (応用) 講座	広島市	大栄教育システム広島大手町校	H21.11.09~H21.11.18	13:30~15:30	2h×7	20	74	20	20
8	平成21	パソコン　エクセル (応用) 講座	広島市	大栄教育システム広島駅前校	H21.09.10~H21.09.18	13:30~15:30	2h×7	20	41	20	20
9	平成21	パソコン　エクセル (応用) 講座	広島市	大栄教育システム広島大手町校	H21.11.19~H21.11.30	13:30~15:30	2h×7	20	74	20	19
10	平成21	子育てママ　パソコン　ワード講座	広島市	大栄教育システム広島大手町校	H21.06.01~H21.06.15	10:00~12:00	2h×5	20	57	20	20
11	平成21	子育てママ　パソコン　ワード講座	広島市	大栄教育システム広島大手町校	H21.10.13~H21.10.27	10:00~12:00	2h×5	20	32	20	16
12	平成21	子育てママ　パソコン　エクセル講座	広島市	大栄教育システム広島大手町校	H21.07.06~H21.07.21	13:30~15:30	2h×5	20	41	19	19
13	平成21	子育てママ　パソコン　エクセル講座	広島市	大栄教育システム広島大手町校	H21.10.29~H21.11.17	10:00~12:00	2h×5	20	40	20	19
14	平成21	子育てママ　パソコン　エクセル講座	尾道市	向島公民館	H21.09.03~H21.10.01	10:00~12:00	2h×5	20	51	20	17
15	平成21	簿記入門講座	広島市	大栄教育システム広島駅前校	H21.08.17~H21.08.26	13:30~15:30	2h×5	20	53	30	30
16	平成21	簿記入門講座	広島市	大栄教育システム広島大手町校	H21.09.14~H21.09.28	19:00~21:00	2h×5	20	41	25	25
17	平成21	簿記2級講座	広島市	大栄教育システム広島大手町校	H21.06.16~H21.06.30	10:00~12:00	2h×5	20	61	30	30
18	平成21	社会人基礎力アップ講座	広島市	広島市まちづくり市民交流プラザ	H21.07.28~H21.08.07	19:00~21:00	2h×5	20	19	19	18
19	平成21	社会人基礎力アップ講座	広島市	広島市まちづくり市民交流プラザ	H21.10.26~H21.11.06	19:00~21:00	2h×5	20	15	15	8
20	平成21	ニート保護者向け講座	広島市	鱗会館	H21.08.09	19:00~17:00	4h×1	20	18	18	18
21	平成21	ニート保護者向け講座	広島市	鱗会館	H21.11.08	13:00~17:00	4h×1	20	25	24	24

9．生涯学習としての再就職学習支援　111

22	平成21	身近なチャレンジ支援講座	安芸郡坂町	坂町町民センター	H21.06.17～H21.07.15	10:00～12:00	2h×5	20	15	12	12
23	平成21	身近なチャレンジ支援講座	三原市	三原市民福祉会館	H21.08.06～H21.09.11	10:00～12:00	2h×5	20	14	14	14
24	平成21	身近なチャレンジ支援講座	広島市	広島修道大学	H21.09.04～H21.09.18	10:00～12:00	2h×5	20	16	16	15
25	平成21	身近なチャレンジ支援講座	大竹市	大竹市総合市民会館	H21.11.10～H21.12.08	10:00～12:00	2h×5	20	10	10	10
26	平成21	身近なチャレンジ支援講座	広島市	広島市牛田公民館	H21.10.09～H21.11.06	10:00～12:00	2h×5	20	25	25	21
27	平成21	女性のためのメンター養成講座	広島市	エソール広島	H21.06.13～H21.07.11	13:00～15:30	2.5h×4	20	26	24	23
28	平成21	女性のためのメンター養成講座	福山市	まなびの館ローズコム	H21.09.06～H21.10.04	13:30～16:00	2.5h×4	20	21	19	17
29	平成21	女性のためのステップアップ支援講座	廿日市市	廿日市市総合健康福祉センター	H21.09.01～H21.09.29	10:00～12:30	2.5h×4	20	20	18	18
30	平成21	女性のためのステップアップ支援講座	広島市	広島市三篠公民館	H21.08.21～H21.09.11	19:00～21:00	2h×4	20	40	25	24
31	平成21	女性のためのステップアップ支援講座	福山市	福山市市民参画センター	H21.10.25～H21.11.15	13:30～16:00	2.5h×4	20	13	13	13
32	平成21	メンターフォローアップ講座	広島市	広島市女性教育センター	H21.08.08～H21.10.10	10:00～12:00	2h×2	20	18	18	18
	平成21	計						640	1,135	634	601

※起業、就職者数……起業は株式会社等の民間企業（NPO法人含む）を設立した場合、就職者数にアルバイトは含まない（ただし、各種健康保険に入っている場合は除く）。

第4章　大学が実施する再就職支援プログラム

1．修大再チャレンジプログラムの実施について

　本節では，広島修道大学が実施した再就職支援事業の修大再チャレンジプログラムを紹介しよう。

　これまで，再就職支援の学び直しの機関としては，職業訓練校が存在した。ただ，大学卒業程度の人々にとって，失業したからといってすぐに職業訓練に行く人は多くはない。その意味で，大学で学び直しをする機会があるという意味は大きい。

　広島修道大学がこのプログラムを計画した理由は単純だ。一つは，市役所に地域の課題を聞いたところ，「就職氷河期世代の正規雇用が課題となっている」と指摘されたことによる。まずは，それで決めた。もう一つは，文部科学省の募集要項から察するに，安倍政権による再チャレンジ支援事業の流れであることがわかり，広島修道大学は，再チャレンジ事業を推進することにしたのである。それが，「地元ニーズを踏まえた『就職氷河期世代』の再教育・就職プログラム開発・実施」である。

　本プログラムについて紹介しよう。本プログラムは，「学部講義」「資格取得」「チャレンジ講座」「チャレンジ講演会」の四つを柱と

している。

　一つ目の「学部講義」では，本学の講座のなかから科目等履修生として5講座を選択してもらい3講座以上の単位取得が修了要件となる。

　二つ目の「資格取得」は，パソコンと簿記である。パソコンはサーティファイのワードおよびエクセル3級，または簿記3級のいずれかを選択し取得することが修了要件である。なお，受講生全員にパソコンを貸与した。

　三つ目の「チャレンジ講座」は，マインドアップとコミュニケーション力を中心に，履歴書の書き方や面接など就職に役立つ内容を提供した。

　四つ目の「チャレンジ講演会」は，テーマ別講演会などを聴講するとともに，受講生が中心となって企画を行なう講演会を実施する。なお，この5回の講演会とこれまでの講義などをふまえつつ，レポートを提出してもらい，それをもって修了要件とする。

　これら四つの修了要件を満たすことで「修道キャリアプログラム修了証」「履修証明書」を発行することになる。

　また，プログラム以外に，再チャレンジ推進室を設け，活動を推進するとともに，そこにキャリアアドバイザーを配置し，恒常的に面談・相談を実施し，学習支援や就業支援を行なうことにしている。

　修大再チャレンジプログラムの概要を紹介すれば，かかる内容になるだろう。ただ，私たちとしては，ほとんど学生と同じような条件とし最大限の支援をしている。

　まずは，入校式と修了式。いずれのときにも，学長挨拶と来賓挨

拶を加えたものにしている。形式的といえばそれまでだが，修了証の授与を行いプログラムにメリハリをつけた。また，先述したとおり，ノートパソコンを無料で貸与し，科目等履修生として授業の単位を認定している。しかも，図書館やプール，キャリアセンターなどを自由に利用することができている。これは本プログラム受講生と本学学生とが同等に対応しようと配慮したものである。気持ちよく学園生活を送れるようにした。ただ，こうしたことは委託事業だからできるものであることはいうまでもないところである。

写真4－1　再チャレンジプログラム入校式

2．修大再チャレンジプログラムの特徴

先述したとおり，本プログラムの柱は四つある。一つ目は学部講義であり，二つ目はチャレンジ講座，三つ目は資格取得，そして四つ目は講演会である。この四つの要件すべてを修了することが，本プログラムの修了要件である。これらについて以下，紹介していくことにしよう。

（1）学部講義

学部講義については，本学の講義から5つ受講してもらい，三つ以上の講義の単位を取得することを要件としている。

基本的には，本学の講義であればどれでも受講を認めている。ただし，講義といってもゼミナールや基礎ゼミ（ファーストイヤーセミナー）など少人数のクラスは対応が難しいので，結果としては受講できず，共通教育科目，専門科目などを受講の中心とした。

受講に際し，いくつかの問題点が挙げられた。たとえば，「学生に対して履修条件が課せられている講座の受講を認めることができるのか」とか，「積み上げ式に基づく講座（1年生や2年生で一定程度の受講を前提としなければ理解が難しい講座）の場合，ついていけない可能性がある」などである。結論としては，原則全部を認めることとするが，難しいと判断された場合は受講を認めなくても構わないという形で決まった。少し玉虫色の印象だが，そうはいっても，広島修道大学は文系5学部の総合大学であり，受講可能な講座数は200以上になる。そのなかで選択できるほうがよいだろうと考えた。科目等履修生と同じ条件で（ただし，本プログラム受講生は受講料を免除する），受講を認めることとしたのである。

ただし，科目等履修生に対する受講申込は，教授会の承認を経る必要もあり，前期（4月）受講の場合は2月まで，後期（9月）受講の場合は7月までと締切が早い。しかも，受講が決まったあとは，原則として講義の変更は認められない。その意味では，講座の選択は慎重に行なわれている。

この点は，学生のときとは異なるようだ。学生時代なら，「当たり」「はずれ」のレベルで許されていたようだが，受講生は真剣に講義のシラバスを見て決めている。

このように講座の選択はシラバスのみで行なわれなければならず，課題が残された。特に，現役学生たちとは異なり，科目等履修

生として受講を許可していることから，教授会を通過する必要があり，その後の変更は難しい。

　また，講義の時間量が多すぎることも意見として出されている。「もう少し良い意味での自由度が拡がればもっと良かったかもしれません。それぞれの個々の能力に合わせて伸縮可能なプログラムが求められると感じる」という意見があるように，弾力性をもたせた講座設定にする必要はあるだろう。

　また当初は，「キャリア支援コース」や「特定テーマ履修コース」などのコースを設定することが計画されていたが，これらコースをつくって固めてしまうと，受講生がほかで受けたい講座を受けることができなくなるというデメリットや，授業時間などが重複して受講できなくなる場合などが想定され，半年で履修を完了できなくなる可能性が想定される。このため，コース制は実施しなかった。ただ，受講前には，キャリアアドバイザーが，履修指導を行なうようにし，できるだけ，本人の希望と将来を見通して意味のある講座の受講を勧めるようにしている。ただ，将来的には，一定程度のコースを設定することは求められるところである。

　よって，図表4－1に示したとおり受講講座は多岐にわたる。講座選びは多様だが，そんななか，商学部（商学，ビジネス，経営関係）の講座は受講している学生が多い。また，心理学的な内容や教育論，英語関係など個々の関心をもつ人も多くいた。

　一応，2007年度からセメスター制となっており，半年で完結するよう講座が設定されている。よって一応，積み上げ式の講義ではないようになっているはずだが，必ずしもそうはなっていないのが現実だ。たとえば，後期開催の講座であれば，前期の内容を知らなけ

図表4－1　学部別履修状況

	履修者数	割合（％）
商学部科目	268	41
人文学部科目	103	16
法学部科目	61	9
経済科学部科目	43	6
人間環境学部科目	37	6
共通教育科目	144	22
合計（延べ人数）	656	

注：受講生132名，うち4名は4科目のみ履修

図表4－2　履修者の多かった科目

中小企業論・中小企業経営論（31），経営管理論・経営組織論（15），eビジネス論・eビジネスモデル研究（14），物流管理論（12），消費生活論（9），マーケティング論・マーケティング戦略論（9），マーケティング・リサーチⅠ・Ⅱ（8），広告論Ⅰ・Ⅱ（8），資格英語Ⅰ・Ⅱ・Ⅲ・Ⅳ（8），総合教養講義b（マスコミ論）（8），生涯学習論Ⅰ・Ⅱ（8），証券市場論・証券投資論（7），金融資格Ⅰ・Ⅱ（7），保険企業論（7），リスク管理論（7），企業形態論・企業行動論（7），心の健康（7），総合教養講義a（経営学）（7），日本産業論（7），保険論（6），発達心理学（6），教育心理学Ⅰ・Ⅱ（6），教養講義（ダイエットの心理学）（6）

注：（　）内は履修者数

図表4－3　修了者の成績の分布・GPA

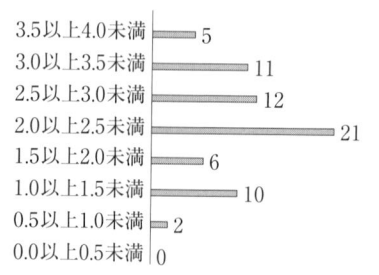

GPA	人数
3.5以上4.0未満	5
3.0以上3.5未満	11
2.5以上3.0未満	12
2.0以上2.5未満	21
1.5以上2.0未満	6
1.0以上1.5未満	10
0.5以上1.0未満	2
0.0以上0.5未満	0

注：GPA評点別人数67名（修了生のみ）
　　評定平均（AA：4ポイント，A：3ポイント，B：2ポイント，C：1ポイント）

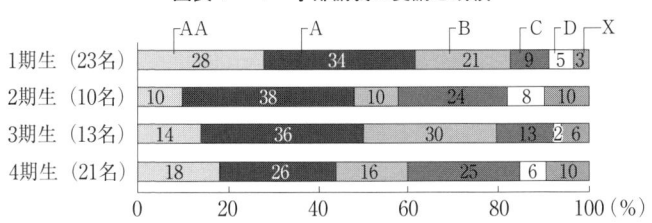

図表 4-4　学部講義の受講と成績

	AA	A	B	C	D	X
1期生（23名）	28	34	21	9	5	3
2期生（10名）	10	38	10	24	8	10
3期生（13名）	14	36	30	13	2	6
4期生（21名）	18	26	16	25	6	10

（単位：％、0〜100）

れば学ぶことのできない講義もある。このへんは大きな課題だが，なかなか学部講義の改善までを主張できる立場でもない。

しかし，講義に対する理解は充分なされるだろうか，という心配は杞憂に終わった。受講生たちの多くは前列で学習し熱心である。わからない場合，質問もするし，これまで学習してきたプリントをもらったりしている。何人もの先生から「再チャレの学生は熱心だよ」とか，「〇〇君はよく勉強するね。誰かと思ったら，再チャレンジの学生だったよ」などと嬉しそうに話される。私としても鼻が高い。

ある意味，教員のFDにもつながる。現在の不熱心な学生の反応を聞くと，「難しい」とか「わかりづらい」などのコメントが多くあっても，再チャレンジの学生からは，「勉強になった」というコメントをもらうことがしばしばある。つまり，内容よりも聞き手側の問題であるという理屈だ。「ちゃんと聞きさえすればわかる」と教員も自信を深める。

それでは，成績は皆すばらしいかというと実は違う。千差万別だ。図表4-3，4を見てほしい。優秀な人は，現役学生ならばスカラシップを取得できるぐらいのレベルである。ちなみに本学は，

AAとAは人数の上限を設けている。その意味でも，成績が良好であることがわかるだろう。

しかし，単位を落としている人も少なくない。これは，就職などが決まってしまったため受講しなくなった人とか，講義の内容が思っていたものと違ってやめてしまった人などである。個々人にとっては止むを得ない事情があるのだが，教員からは「再チャレの受講生は来ないよ。無料だから悪いのでは？」などと耳の痛い話も聞かされる。

本プログラムの受講生は，注目されている分，良くても悪くても「再チャレの学生は…」といわれてしまう。宿命ではあるが，気の毒な話である。

学生コメントを参照しよう。事後調査アンケートに回答のあった48名中31名が，「今後も勉強を続けたいと思った」と回答している。さらに「専門知識が身についた」と回答していただいたのが17名もいた。やはり，学生時代とは意識も違い，学び直しをしようという気持ちが強いようである。コメントでも「学生時代とは違い，より内容を吸収できた気がします」という意見が出されている。いろいろと問題はないわけではないが，本学の講義は全体としてわかりやすい内容だと印象を強くした。もちろん，いろいろな講義の意見も聞くことはあるが，それは一部である。その意味では，本学は講義に対して丁寧に，熱心になされているものだと感じた。

学生の反応をいくつか指摘しておこう。

教育学特論：「一人歩きしている『受容』という言葉の真の理解等，目から鱗が落ちるような話ばかりでした。」

金融経済論：「資格専門学校では教えてもらえない内容で，大学

ならではの内容だった。」

コンピューター会計：「実務で使うような会計ソフトを使って勉強できたので有意義でした。」

マーケティング論：「市場に出回る商品を別の切り口で見ることができるようになった。」

マーケティングリサーチ：「新聞掲載されている記事の内容も影のリサーチ作業に基づいてのデータがあることがわかり，別の角度から新聞を読むことができるようになった。普段は見ることができない貴重なデーターを見ることができ，とても興味深かった。」

中小企業経営論：「経営者の立場を考えることができた。」

マーチャンダイジングの基本：「新鮮で興味深く勉強することができた。人生観を変えるほど先生の話が面白かった。」

それぞれが講座を聞き，それぞれの反応のなかでキャリアアップが図られたといえるだろう。学部講義は，すぐに就職に役立つものではないが，逆に本プログラムの受講生にとっては有益だったようである。

（2）資格取得

資格取得は，ワード，エクセル3級もしくは簿記3級を取得することを修了要件としている。講義は，2コマ連続（180分）とし，15回というものである。時間的には充分だと思われるが，特に簿記3級の試験は，年3回5月，11月，2月にあるため，試験日に照準を絞った講義ができない。

また，ワード，エクセル3級，簿記3級では，実務の資格としては不充分である。ただ，この点については，一応，「資格取得を得

られた」「認定証をもらえた」という達成感をもたせるという意味もある。

　また，簿記の講師は，当初本学の非常勤講師を当てていた。しかし，内容が簿記論に近く，実践的でないことから，2期以降は大栄総合教育システムから講師を派遣してもらい，資格取得に特化した講義を依頼した。

　資格取得状況は図表4－5のとおりである。簿記取得が試験期間と離れてしまい難しいという意見がある一方で，「我流で学んでいたので，専門の方から学べて有意義な時間でした」と，経理業務の経験者にとっては，体系的に簿記を学べたことでの意味を指摘する人もいた。また，情報処理関係の資格としては，エクセル2級講座もニーズが高く，アドバンスとして3期生から始めている。また，パソコンも必携させることで練習する人もおり，自信につながっている。なお，追跡調査によれば，本プログラム修了後も，資格取得を継続している修了生も多い。継続的な学習という意味でも，資格取得の講座は意味があったといえるだろう。

（3）チャレンジ講座

　受講生に対して，自分自身のふり返りや，同じ境遇にいた同世代の仲間と問題点や課題を共有化し，各自が自信をもって行動できるようにするための講座である。そのために大きく三つのことを行なっている。

　①自分のやる気を高めながら，自分の強みと弱みを探る（マインドアップ）

　②コミュニケーション能力と就職活動スキルを身につけ，就職を

図表4－5　資格の取得状況

■日商簿記3級資格試験　受験・合格者数の推移（1～5期生）

	受験者数	合格者数	不合格者数	合格率（％）
1期生	16	7	9	44
2期生	2	1	1	50
3期生	12	9	3	75
4期生	10	5	5	50
5期生	11	2	9	18

参考：全国の合格率（2007～2009年度）は39.9

■情報処理　受験・合格者数の推移（1～5期生）
Word【3級】

	受験者数	合格者数	不合格者数	合格率（％）
1期生	18	16	2	89
2期生	8	7	1	88
3期生	10	10	0	100
4期生	21	21	0	100
5期生	22	22	0	100

注：1期生のみ日商検定，2期生以降はサーティファイ検定

Excel【3級】

	受験者数	合格者数	不合格者数	合格率（％）
1期生	18	16	2	89
2期生	11	11	0	100
3期生	13	13	0	100
4期生	24	23	1	96
5期生	22	22	0	100

Excel【2級】

	受験者数	合格者数	不合格者数	合格率（％）
3期生	6	5	1	83
4期生	18	12	6	67
5期生	13	12	1	92

Excel【1級】

	受験者数	合格者数	不合格者数	合格率（％）
3期生	1	1	0	100

注：2級コース受講者が受検し合格したもの

勝ち取る
③将来のやりたい仕事や目標（夢）を考え，計画し，ライフプランを作成し発表する

受講生数は20〜30名程度なので，決して少なくないが，双方向の講義方式で行なった。具体的なシラバスは図表4－6のとおりである。例として5期生のシラバスを掲載しておく。

講師は，本学のキャリア科目も非常勤講師として担当されていた方を招聘した。多忙な先生なので，説得が難しいことが予想されたが，快諾していただけた。先生にとっても，チャレンジの一つだが，新卒者とは異なる内容が要請され，負担は大きかったようである。ただ，その腐心の様子と熱心な指導は，受講生に好感をもたれ，「自分の至らぬところをズバズバ言っていただいて嬉しかった。心底気にかけていただいているな，と深い愛情を感じた」などとコメントが寄せられた。もちろん，事後アンケートでも「自己分析ができた」20名，「多くの気づきがあった」20名と自己発見を基本としながら，「グループワーク等で人の意見を聞けたことが有意義だった」17名，「ライフプランを作成したことが有意義だった」16名，「就職活動に役に立った」13名と実践的な講義が展開されていた。2コマ180分の講義を展開したが，再チャレンジの受講生にとって最も頼りにした先生だったようである。修了後も交流を続け，相談に乗っていただいている受講生も多いようである。

（4）講演会

講演会は各期間中5回実施することになるが，受講生の様子をイメージしながら，講師を招聘することを意図している。そして，最

図表4-6　チャレンジ講座シラバス（5期生）

進行	日付	曜日	講義課目
1	9月24日	木	オリエンテーション
2	9月24日	木	受講生の自己紹介
3	10月1日	木	これから授業受けるにあたって（プラス思考，モチベーション）
4	10月1日	木	自己発見ワークと自己PR文作成（振り返り）
5	10月15日	木	コミュニケーションについて
6	10月15日	木	自己PRを名刺作成にどう活用するか
7	10月22日	木	名刺交換のマナーとワーク
8	10月22日	木	事例で示す自己PRと志望動機
9	10月29日	木	名刺交換会
10	10月29日	木	キャリアの振り返り，履歴書，職務経歴書作成のポイント
11	11月5日	木	労働法規と労働契約，求人票の見方，ジョブ・カード作成のポイント
12	11月5日	木	自分マップ（夢・目標の再確認）作成手順解説
13	11月12日	木	自分マップ制作ワーク
14	11月12日	木	ジョブ・カードの解説と作成
15	11月19日	木	新規提案のプレゼンテーションロールプレイング
16	11月19日	木	新規提案のプレゼンテーションロールプレイング
17	11月26日	木	やりたい仕事探しワーク
18	11月26日	木	職種の絞込みワーク
19	12月3日	木	職種の絞込みの整理
20	12月3日	木	模擬面接ロールプレイング（ある企業の営業職を想定して）
21	12月10日	木	キャリアスタイルセルフチェック
22	12月10日	木	職務経歴書・ジョブ・カードの作成
23	12月17日	木	面接試験の流れと種類，面接での注意点（面接担当者の視点と傾向）
24	12月17日	木	グループ討論のロール・プレイング
25	12月25日	金	アクション計画，ライフプラン作成の解説とワーク
26	12月25日	金	エゴグラムから自分の行動特性を探る
27	1月7日	木	アクション計画，ライフプラン作成のワーク
28	1月7日	木	ライフプラン発表会の制作準備
29	1月14日	木	ライフプラン発表会（ゼミ修了課題）
30	1月14日	木	ライフプラン発表会（ゼミ修了課題）

後の1回は受講生による自主企画で講演会を開催した。

また，講演会の1回目は，本プログラムの代表者である私（著者）が報告している。報告内容は，本プログラムの趣旨を説明することと，応援の挨拶である。ちなみに3期生だけ私が講演会を開催しなかったことがあった。このとき，出たくない講義や資格取得など，欠席する人が目立っている。やはり，すべての講座を受講して本プログラムの意義があるので，その意味でも，一つの場を借りて本プログラムの趣旨を話しておくことは意味がある。3期生を除き，あとは，本プログラムの趣旨を理解し受講している。

2～4回目の講演会は，「就職環境のこと」「企業が求める人材像を考える」「広島地区の企業求人動向と転職活動について」などさまざまである。そして，5回目の講演会は学生企画である。講演会で招いた講師は多様である。

ここで考えた学生企画は，講師の折衝から始まり，ポスターやちらしなど広報までも担当する。講義の部屋を利用して宣伝などもする。講師には断られることもあるし，広報でも，一生懸命努力するが，実際はなかなか集まらない。努力したからといってすぐに効果があるとは限らないこと自体を認識することも大事である。学生企画講演会は，共同作業や議論を通じて，多くのことを学んでほしいというのが狙いである。こうした挫折を感じながら，課題を乗り越えてほしい。

学生たちのコメントも多様である。「『考え方が変わると人生が変わる』ということが印象的でした。また『喜びの種をまこう』という言葉にすごく感動しました」「きれいごとだけではなく，本当に気がつかないといけないことをズバリ言われて色々反省できた」

図表4－7　チャレンジ講演会

1期生	1	2007年9月28日	「私の青春時代」 　広島修道大学　商学部教授　落合功
	2	10月12日	「中小企業・ベンチャー企業が求める人財とは」 　（株）創建　代表取締役　西原裕
	3	10月24日	「ハローワークの現場から　～若年者支援を通じて～」 　山中勝巳
	4	11月9日	「自分自身株式会社社長になるために　―人生の主人公は自分だよ―」 　（株）鎌屋　代表取締役　鎌谷律脩
	5	11月21日	「キャリア・カウンセラーと考える『再就職成功のポイント』」 　キャリアQアップアカデミー　盛矢澄香
	6	12月14日	学生企画講演会　「心の持ちよう　～新しい風を感じよう～」 　広島ファミリールーム　村上雅彦
2期生	1	2008年4月18日	「私の青春時代」 　広島修道大学　商学部教授　落合功
	2	4月25日	「私の再チャレンジ」 　キャリアカウンセラー　渡辺政幸
	3	5月16日	「企業が求める人材像を考える」 　YICグループ本部　プロジェクトマネージャー 　竹元雅彦
	4	6月13日	「広島地区の企業求人動向と転職活動について」 　（株）ディスコ　米田宗範・杣川義之
	5	6月27日	学生企画講演会　「話せばわかる，話せばかわる」 　（株）中国放送　アナウンサー　青山高治
3期生	1	10月17日	「コミュニケーション能力開発講座　～自己理解・他者理解～」 　YICグループ本部　プロジェクトマネージャー 　竹元雅彦
	2	10月24日	「コミュニケーション能力開発講座　～文章力と話す力～」 　YICグループ本部　プロジェクトマネージャー 　竹元雅彦
	3	11月7日	「低成長期に『選ばれる』転職」 　（株）インターロジック　エデュパーム事業部 　チーフプランナー　横田彩
	4	11月14日	「コミュニケーション能力開発講座　～聞く力と概念化能力～」 　YICグループ本部　プロジェクトマネージャー 　竹元雅彦
			学生企画講演会

	5	12月12日	「コラージュで発見！私がやりたい仕事　－JOBと出逢う　WORKと出逢う－」 （財）21世紀職業財団　鈴村千穂子
4期生	1	2009年 4月9日	「私の青年時代と再チャレンジプログラムについて」 広島修道大学　学術交流センター長　　落合功 　　　　　　　学術交流センター次長　石丸仁士
	2	5月28日	「自己理解・他者理解～再チャレンジの課題を考える～」 YICグループ本部　教育事業部事業企画室室長 竹元雅彦
	3	6月11日	「中国地方地場企業の業績状況と雇用事情」 中国新聞社　経済部記者　畑山尚史
	4	6月18日	「アサーションのすすめ」 （株）えな・ヒューマンサポート代表取締役　臨床心理士　森川早苗
	5	6月25日	学生企画講演会　「オバマ大統領に学ぶボイストレーニング」 （株）アクエリアス情報研究所　代表取締役 織田直子
5期生	1	9月24日	「再チャレンジプログラムについて」 広島修道大学　学術交流センター長　　落合功 　　　　　　　学術交流センター次長　石丸仁士
	2	10月29日	「企業の求める人材を具体的に考えてみよう～ミスマッチの本質を知ろう～」 YICグループ本部　教育事業部事業企画室室長 竹元雅彦
	3	11月5日	「『これだけは身につけておくべき』社会人の基本的マナーやルールについて」 マナー講師　　金岡敬子
	4	11月12日	「コミュニケーションによるスキルアップ～コーチング，話し方の入門講座」 松下政経塾　政経研究所主任研究員　高橋仁
	5	2010年 1月7日	学生企画講演会　「平和文化への信念を持ってチャレンジしていく時」 （財）広島平和文化センター　理事長 スティーブン・リーパー

「前向きに生きることが大切だと学びました」など，講師の話から多くのことを学んでいる。

　学生企画講演会については，「普段とは違うことが経験でき，有意義だった」19名，「受講生同士の交流が深まった」19名と反応は

よかった一方で,「企画・運営が難しかった」13名と感じた学生もいたことが特徴である。ただ,企画・運営するということは大変なことであるのは当然であり,逆に「難しいこと」を知ることが大事だと考えれば,私たちの取り組みとしてはよいと考えている。コメントでも「みんなで心を一つにすることの難しさ,痛感しました」という意見が出された。また,「働く人とそうでない人の差がはっきりした」という意見もあった。やはり20〜30名となれば,そういう結果にはなるだろう。ただ,こうした点は,今後の留意事項になるに違いない。

(5) 全体の意見

再チャレンジプログラムについて,アンケートに基づきながら,具体的な評価を検証しておこう。このアンケートは,本プログラムを受講した第1〜4期生を対象に実施したものである。48名からのアンケートの回答があった。個々のプログラムについての評価は先に示したとおりなので,全体的なものを紹介しておきたい。

プログラムを受講した半年間についてみると,37名(63％)が「人生の転機となり,今後の人生を考える良い機会だった」と答え,33名(58％)が「仲間との出会いがあった」と答えている。大学でじっくりと半年間学ぶことで,孤独感から脱し,もう一度がんばろうというきっかけになっている。しかも,新しい方向も模索されてきている。ほかにも「資格取得により自信がついた」19名,「学部講義を受け,専門知識を身につけた」17名,「就職に非常に役立った」15名,「新たな目標を見つけることができた」14名と,相当前向きの意見が多かった。特記欄にも,「学生のときとはまた違い,

すごく学ぶことが楽しかったです」とか,「相談できる人,信頼できる人が増え,世界が広がった。母校に戻る場所があって嬉しかった」という意見が寄せられている。学び直しの効果が出て,学生時代とは異なり,学ぶことへの意味が明らかになったといえるだろう。また,本プログラムの対象者は本学卒業生だけに限定していたわけではないが,「学びの場がある」「居場所がある」というのは,若者にとって重要な意味があるように思われる。逆に「学生の延長線上といった雰囲気でした」というように,馴れ合いがあったことも否めない。

　それでは,本人の自覚のなかで,プログラムをとおして身についたものは何かといえば,コミュニケーション力（13名）,課題発見力（11名）,柔軟性（11名）,実行力（10名）,状況把握力（10名）である。逆に専門知識（6名）創造力（5名）,規律性（4名）と少ない。その意味では,コミュニケーション力などが意識的に向上したといえるだろう。

　本プログラムは学習支援プログラムである。ただ,その先には就職が見えてこなければいけない。だけど,「正規雇用として働きたい」24名,「安定した職場で長く勤めたい」18名と,就職が決まらないことが一番の悩みの種である。

　自由記述欄でも「時間が終わった後もある程度のサポートをするなど受け皿になって欲しい」という意見など,同事業受講生へのフォローを訴える人もいれば,「このようなプログラムで人生が良い方向へ変わると思う。一度社会人になるとなかなか軌道修正できなくなる。一度勤め,社会の厳しさを知ってからの方が,大学の講義も本気で取り組めると思う。独自にこういったプログラムを開講

して欲しい」「大学の講義を受講したい，学びたいという気持ちのある人は年齢を問わずにいると思います。不景気の昨今，幅広い年齢の募集，託児の検討などをされて，今後はバージョンアップされることを期待します」など事業の継続性を訴えている人も多くいた。

（6）キャリアアドバイザーの存在

　また，キャリアアドバイザーが恒常的に面談を行い，相談に応じた。本プログラムはアドバイザーが恒常的に全体を見ていたといってよい。講師との調整もアドバイザーが基本的に行なった。よって本プログラムが成功したのも，アドバイザーの努力の結果である。そして，受講生に対する効果としては「就職に関しての相談や履歴書・職務経歴書等の添削をしてもらえるので良かった」と，就業へのアドバイスが恒常的に行なわれていることに意味があったようである。また，「就職の相談，というよりは悩みやグチなど色々な話にきちんと耳を傾けてくださる方でしたので，とても有難い存在でした」と，就職だけでない相談にも応じており，その部分で，それまでの悩みを吐き出すことができたようである。ただ，難点は，アドバイザーのところへ行く人と行かない（行くことができない）人がいたということだ。アドバイザーのもとに行かない人について「自ら進んで話ができない，というタイプの人もいます。もう少し声をかけてあげて欲しいという気持ちはありました」とか，「その人を決め付けたり，押し付けたりしないで欲しい」と，指導に課題が残された声も聞かれた。

　また，キャリアアドバイザーたちが常駐する再チャレンジプログ

ラム推進室については、「入りやすく、よく利用していた」21名との感想が多い。求人情報なども利用する人（14名）もいるが、むしろ「受講生同士の交流ができてよかった」25名と、交流の場としての意味が強かったようである。ただ、こちらも、「受講生と推進室との間があまりにも親密すぎて、けじめがつけられない受講生が目に付いたことです。一応、学びの場でもあるので、推進室の方もけじめのつけた対応をし、推進室の方は受講生の態度が悪ければ注意しても良いのではないかと思う」など、馴れ合いに対する批判は少なからずあったようである。逆に、こうしたケジメをつけることも大きな留意点であるとすれば、かかる点は反省点ともいえるだろう。

3．就職の支援

　再チャレンジの受講生は、就職への希望は高いが、その目指す方向や内容は多様である。かかる受講生を一元的に把握するのではなく、それぞれの立場や考えを尊重して把握し、適切にアドバイスするためには、アドバイザーの存在が不可欠となる。再チャレンジ推進室に配置したアドバイザーは、就職支援を始めとして、最初は履修相談など多面的な相談に応じた。アドバイザーは、キャリアコンサルタントの資格を有し、ハローワークなどの相談業務などに関係した人材であるが、履修相談から本プログラムのマネジメントにいたるまで多くのことを切り盛りしている。

　面談は、1回1時間程度かけて行なっている。内容は、履歴書、経歴書の書き方、面接方法などといったスキル的なことから自己発

見などといったメンタル面も含めて行なった。また，キャリアセンターやハローワークなどで入手した求人票を整理し，誰でも閲覧できるようにした。

プログラム途中でも，求人票を閲覧し，希望の就職先がある場合，就職試験を受け合格する受講生もいる。これは，当然プログラム修了生にはならないものの，本プログラムの受講の過程であり，途中まででもそれまでの講座の成果でもあることから，本プログラムとしては積極的に評価したい。

反応は，大学という空間による落ち着き，チャレンジゼミの講義の浸透，学部講義など大学生活，再チャレンジ推進室での語らい，そしてアドバイザーの面談などにより，確実に受講生の意識は就職へと向かっていくことになる。

ただ，指摘できることとしては，すぐに求人票を見て就職へと結びつかないところである。同講座受講生は，比較的，公務員志望の人が多く，民間への就職を考えたとしても，その場合，「大手」「ブランド」「著名」などといった企業を希望することが多い。比較的就職の希望のある中小企業に目が向かないのが現状である。理由はさまざまだが，傾向として，（公務員試験などで）就職活動を充分に行なわなかった人は，「まだできる」などということで，就職先を選ぶ傾向があるようである。比較的求人のある中小企業と，受講生の就職希望の意識のギャップを埋めることが課題である。また，就職先の斡旋は，学生しか認められていない。本受講生は，科目等履修生であることからキャリアセンターの利用が可能だが，修了すると難しくなる。この点は，就業支援としての課題が残される。

広島県中小企業家同友会の協力を得て，ワークショップや企業研

写真4－2　中小企業家同友会とのワークショップ

修などを推進し，具体的に中小企業のよさや取り組みを認識するようにしている。

　ワークショップでは，広島県中小企業家同友会に加盟している企業の経営者の方を講師として4名ほど招き，講師からメッセージをいただくとともに，グループワークを行ない，受講生が経営者から直接話を聞く形式をとっている。「社員に求めるものとして『挑戦する姿勢』『一つの目標や目安を作ること』『オアシス運動で示されるコミュニケーションの充実が必要』と述べられました。特に前向きな姿勢をもつことは，仕事のうえでも普段の生活でも必要な要素だと感じました。日頃から前向きな姿勢を身に付け，コミュニケーション力を高めるには相手に対する関心を持ち続けることが必要だと感じました」「自分のいる部署の仕事だけでなく関心のある仕事に積極的に参加できる環境を作っていらっしゃることに感銘を受けました」など，現場の話を聞くことで，企業の意識を高めたといえるだろう。ただ，残念なのは，話のなかでの企業は，客体としてとらえられており，就職先や中小企業への理解へとは充分いたっていないという印象である。

　企業研修は，2009年度から実施している。10事業所から受け入れていただけた。内容は，現場実習，営業アシスタント，営業同行実習，役員会（議事録作成）などさまざまである。

　感想を紹介すると，「初日に，採用面接に同席させていただき，

応募者を客観的に見ることができました。自分では気づかないような癖や，相槌，視線，声のトーンなどで印象が随分と違うことに驚きました。面接とは限られた時間の中で自分の言いたいことを伝える場であるという大前提を忘れず，面接官が何を知りた

写真4－3　再チャレンジプログラム修了式

がっているのかを的確に判断し，論理的に説明できるよう練習を継続していきたいと思いました」「モノづくりの現場や雰囲気を肌で触れることができ，製造という仕事に対する理解を深めることができました。同時に，実際に機械を取り扱う中でも感じましたが，平岡次長の言われた『考える力』がいかに大切かということを学ぶことができました」など，積極的な感想を見ることができる。

結果，受講生のうち2010年3月の段階で就職したのは50％であ

図表4－8　再チャレンジプログラム就職実績

2010年3月1日現在（単位：人）

		第1期	第2期	第3期	第4期	第5期	合計
受講者数		32	16	24	29	31	132
修了者数		23	10	13	21	22	89
就職者数	正規	20	11	2	4	4	41
	非正規	7		12	4	3	26
就職活動中				5	12	21	38
勉強中				3	4	2	9
その他		5	5	2	5	1	18

注：就職者数に未修了者を含む

る。この間の就職結果は、図表4－8のとおりである。おおよそ、修了後1年程度かけて就職することが多い。これは、本プログラムを修了したあとに公務員試験を目指し合格をかちとった場合や、民間への就職活動を繰り返し、行き着くところで落ち着いた場合など多様である。ただ、2008年10月以降の経済危機以降、求人が減少し、厳しい状態であることは確かである。労働市場の拡大が望まれる。

4．進む大学改革

　この事業を通じて、積極的に大学改革も推進された。大学改革といっては、語弊があるかもしれないが、本プログラムの遂行を梃子にしながらいくつかの取り組みがなされている。4つほど紹介したい。

（1）履修証明プログラム規程の整備

　履修証明制度とは、2007年12月より文部科学省が推進している制度で、総時間数が120時間以上で体系的にプログラムを作成し、学長名で履修証明書を発行できる制度である。これ自体では、決して充分なフォローにはならないが、ジョブ・カードへの掲載なども可能となり、再就職への支援などにもつなげることができる。本プログラムは、総時間数が280時間あり、充分に履修証明プログラムに適用できるといえるだろう。また、本事業終了後も、かかる事業を継続していくためにも、履修証明制度を一つの梃子にしていくことができる。こうしたことから、本学も、履修証明プログラム規程

整備した。この履修証明は，第3期修了生より配付している。

　また，本プログラムにはキャリアコンサルタントの資格を有したアドバイザーを配置した。本履修証明書を有効に活用するために，再チャレンジ推進室常駐のアドバイザーを始め本学キャリアセンターの職員に対しジョブ・カード講習の受講を促し，ジョブ・カードへの記載を可能とした。ただ，本年度は，ジョブ・カードの効果が定まらなかったため，ジョブ・カードに登録する受講生はいなかった。ただし，ジョブ・カードは，履歴書のような私的な文書と異なり，キャリアコンサルタントの確認がなされたうえで発行されるので，公的な職業能力証明書である。また，ジョブ・カードの内容は，従来の職務履歴や学習歴，訓練歴とともに評価シートなどの内容も盛り込まれ，ある意味，自己点検の意味を込めた学習にもつながるだろう。その意味で，ジョブ・カードを記載することは，その有効性を問う以上に，自身の能力を見直すためにも有益である。4期生からは講義のなかに盛り込むようにし，すべての受講生にジョブ・カードへ登録するようにした。

（2）広島県中小企業家同友会と本学が協定

　本学は，10月，広島県中小企業家同友会との間で人的交流の促進，地域経済振興のための事業の実施，まちづくりのための事業の実施などを大きな柱として連携，協力しあう協定を結んだ。広島県中小企業家同友会との連携は，大学としては，現場で働く経営者の話を直接聞くことを期待している。

　再チャレンジプログラムにおいては，2008年1月に「経営者と考える―働くということ」と題して，ワークショップを実施した。広

島県中小企業家同友会の社長3人を講師として招き話を聞いたものであるが,「失敗したときこそ学びのチャンスがある」とか「中小企業だからこそ一人ひとりの役割が大きく,社員が幅広く仕事に携わることができる」などというメッセージを受けた。受講生にとっても,経営者から直接話を聞け,仕事の実際を直接聞くことができている。また,2009年度からは企業研修まで実施した。このように,中小企業家同友会と連携することで,本プログラムの充実が図られている。かかる活動は,中小企業への理解へとつながるし,同時に就業へと結びつくきっかけとなっていくだろう。

(3) エクステンション講習規程の整備

これは,再チャレンジプログラムとは直接関係ないが,本プログラムが遂行されることで,エクステンション講習規程を整備することができた。

これまで本学では,エクステンション講座は開講されていなかった。ただ,本事業終了後を展望したとき,たとえ有料であったとしても,実践型教育を提供することを考えている。そのためにも,講習規程を整備した。もちろん,エクステンション講座の内容は,教養や語学などもあるが,履修証明書が発行できるようなプログラムも展望している。このプログラムの将来への継続性を考えたものである。

(4) キャリアセンターで再就職用求人を収集

キャリアセンターは在学生を対象とした事業を展開しているが,本プログラムを契機に,就職支援の面で協力し,再就職用の求人票

を収集するようになった。これにより，卒業生の再就職支援にも厚みをもたせることが可能となった。

　以上のように，本プログラムを実施することで，大学全体へのメッセージを込めた事業を推進することもできている。本プログラムが実施されなければ，改革も急ピッチに進むことはなかっただろう。話は脱線するが，委託事業は政府の大学改革の梃子として実施されることが多い。これは，助成金制度の基本ともいえることで，一定のメッセージを助成金の要件に盛り込むようにし，政府の方向性を示すようにするものである。これは，文部行政に限った話ではない。つまり，本事業「社会人のための学び直しニーズ対応教育推進プログラム」も，かかる履修証明制度を始めとした生涯学習事業を推進するために実施しているものといえるだろう。もちろん，履修証明制度を含めないプログラムもあるだろうが，基本的にはそのようなことだと考えてよいようである。有り体にいってしまえば，「ただで金をやらない」ということになるのだろうが，逆にいえば，こういった委託事業を推進していかなければ，政府の意図する大学改革の波に乗り遅れてしまうということである。広島修道大学としては，逆に本委託事業を獲得することができたために，履修証明プログラム規程を比較的スムーズに整備できたし，ジョブ・カード掲載のために，キャリアコンサルタントをジョブ・カード講習に派遣することができている。その意味で，委託事業などは，助成金をもらうだけでなく，改革の波に乗り遅れないようにするためにも重要であるということだ。

5．モデルプログラムの策定

(1) モデルプログラムの作成

本事業は，2007年度に3年間委託事業として採択されたが，委託事業終了後の3年目を迎え，どのようにして継続性を図っていくのかが課題となっている。また，広島修道大学は，委託事業費はなくなることから，これまでのような活動はできないものの，「可能なレベルでの継続」を模索しつつ，プログラムの推進を図ることにした。また，2010年3月に名古屋でシンポジウムが開催されるにあたり，モデルプログラムの作成が計画されたのである。

モデルプログラムの作成は，日本女子大学と武蔵野大学と連携しながら作成した。日本女子大学のプログラムは，「キャリアブレーク中の女子大学卒業生のためのリカレント教育・再就職あっせんシステム」というものであり，優秀な女性を英語教育を中心に指導している。また，在日米国商工会議所などとも連携し，修了生への就業支援を実施している。また，武蔵野大学のプログラムは「新卒無業者の元気・やる気アップのための「コミュニケーション能力開発プログラム」というものであり，コミュニケーション能力を開発し，引きこもりがちな受講者と社会との関わりを段階的に

写真4－4　社会人の学び直しニーズ対応モデルプログラム合同フォーラム

拡げていくプログラムである。

　再チャレンジにおける学習支援事業は多様である。対象者や社会的なニーズも幅広く存在するのが，本プログラムの特徴である。そして，このプログラムは，入学から就業までを一貫して展望するところが特徴といえるだろう。もちろん，就業といっても，斡旋するというよりは展望する程度かもしれない。ただ，将来を目的意識的に展望しながら，講義を展開することが重要である。そのなかで大別できるのは，①引きこもりがちな層，②若者で定職に就けないフリーター層，③子育て中や子育て完了後，就業や社会参画を目指す女性の三つにわけることができる。本学のプログラムの対象者は，一般的な大学卒業者の第二新卒者を対象とするのに対し，日本女子大学のプログラムの対象者は，ハイレベルの人材を育成するものであり，武蔵野大学のプログラム対象者は引きこもりがちの人である。ある意味，再チャレンジの大枠は把握できるものとして位置づけられる。

　まったく対象者が異なり，内容も異なるが，以下の二つの点は再就職支援事業として，三大学が共通していることが明らかとなった。

　①就職を見通した学び直しを中心とした学習プログラムであること

　大学との大きな違いは，この「就職すること」を目的とするところである。もちろん「目指すべき就職先」については多様だが，目的意識的に何を学習するかが決まってくる。

②内容や時間数は別として，必ずキャリア開発科目を含みこんでいること

　時間数や内容は別として，必ずキャリア開発科目を含めてあるところが特徴である。つまり，第二新卒者の場合，自己発見，マインドアップ，コミュニケーションなどといった学習内容は必須であるということだ。ただ，その内容や形態は，多様であり，対象者により弾力的に考えるべきであろう。また内容も対象者によって多様である。たとえば，グループワークとして実施する自己発見などの「ふり返り」などでも，過去を明らかにする（さらけだす）ことに対し抵抗感をもつ人も少なくない。また，座学の講義だけでなく，実際の実習や研修・体験学習などを盛り込むことがあってもよいだろう。

　以上の共通点と課題点を本学のプログラムに含みこむことで，モデルプログラムを作成することにしたのである。

（2）モデルプログラムの提案

　以上をふまえつつ，モデルプログラムを提案することになった。かかるモデルプログラムは，学内での合意は取れていないので，あくまでも試案である。実現に向けて対応することになる。委託事業が終了したあとということで述べれば，経営との関係が問題となるだろう。学内の合意を得るためにも，費用対効果は明確にしておく必要がある。教育は，投資すればするほど大きな効果が得られることになるが，無限大に投資するわけにはいかない。「学び直し」は未来に向けての投資であるということは理解を得られても，現在の学生への面倒を見ていく必要が優先されなければならない。

さて，具体的に事業を点検すると，本プログラムを同じ形でシフトするわけにはいかない。この間，立ち上げたエクステンション事業に組み込んでいくことが寛容となる。本学のエクステンション事業は，あまり講座数を拡大していない。1講座1コマ（90分）1000円で，講師謝金も，専任講師の場合は増担手当，非常勤講師の場合は非常勤講師手当てで支給される。手当てが安価で教員からは不評である。リスクの低い形で，長期的に実施することを意図している。他大学のエクステンションの事例を見ても，利益が上がっているのは稀である。収益事業としてやったとしても，あくまでも社会貢献として実施することが基本となるようだ。だから，考え方としては，赤字にならない程度の事業ができればと考える。現状で，全面展開を敢行し，大学本体の財政を脅かすようなことは本末転倒になりかねない。また，専任教員についても，現在の大学改革が推進されるなかで，さらなる負担を強いるのは問題だ。社会人を対象とした講義に関心をもつ先生を中心に細々と実施することを考えている。

　こういったエクステンション講座に再チャレンジプログラムをはめることになるわけだが，以下のように考えた。

① これまで成果があった教育プログラムは最大限生かし，履修証明書を発行できるようにする。

② 日常的な指導を始めとしたアドバイザーは本来必要であるが，現実的には困難。キャリアセンターの協力を仰ぐようにし，履修証明書が発行できた人を対象に就業支援を実施する。

③ これまで実施していたパソコンの貸与などは有益だが，費用対効果の面から難しい。

以上をふまえたうえで、図表4－9のように策定した。特徴を箇条書きで述べておこう。

1．一定の社会的役割とプログラムに対する保証を意図して、新たな履修プログラムとして立ち上げた履修証明書の発行を前提に考えるとよいだろう。履修証明書を発行することで、ジョブ・カードなどへの記載も可能となる。120時間で構成されたプログラムを提供することが大事である。

2．教育プログラムについて述べると、就業支援の基本となる、チャレンジゼミ（キャリア開発科目）は生かす。具体的には土曜日に開講するようにする。無料であれば対象者にとっての便宜にはなるだろうし、有料であればリピーターも受講できるというメリットがある。その意味で、有料にするか否かは検討の余地が残される。時間数は15時間を単位とし、育成の度合いによって30時間、45時間と追加していく。教育開発プログラムは、再就職支援の基礎となる。

コミュニケーション能力やマインドアップなどは、就職に不可欠な要素だが、その重要度の軽重はプログラムの対象者によって異なる。かかる講座を手厚くするか否かは、かかるプログラムの内容と対象者によって検討する必要があるだろう。

3．学部講義は、大学で開講する意味で不可欠だ。ただ、必要であれば、独自に講座を編成することもありうる話である。各大学に合わせて体系的・実践的プログラムを策定すればよいだろう。

5. モデルプログラムの策定 145

図表4-9 社会人の学び直しモデルプログラム

社会人の学び直しモデルプログラム（事務職・営業職など）

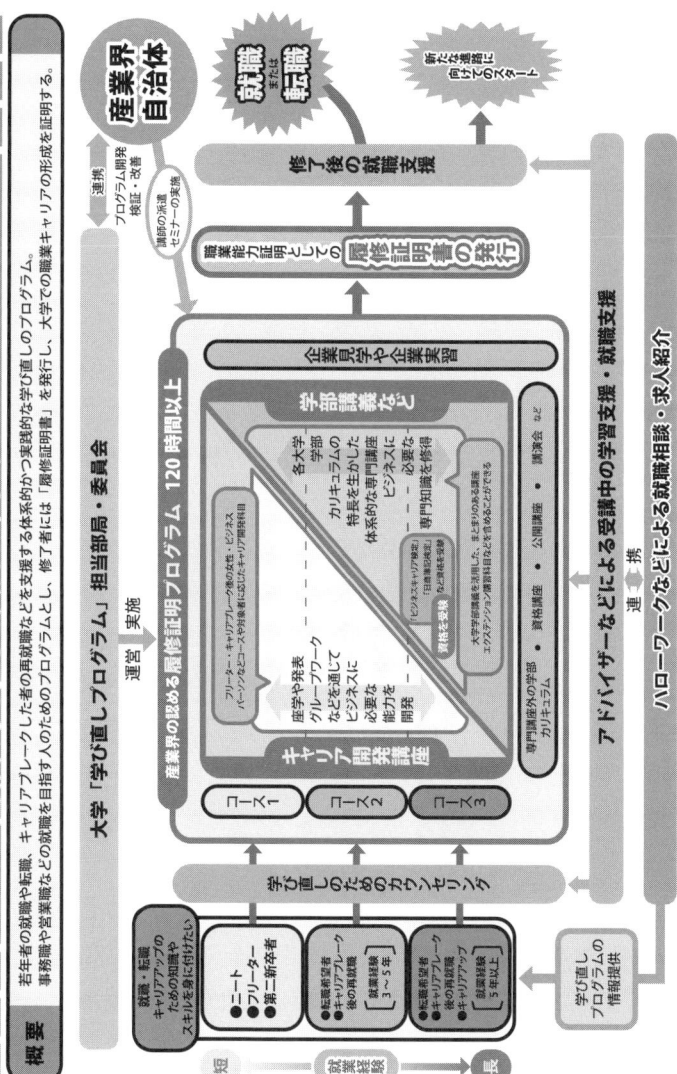

概要：若年者の就職や転職、キャリアアップや転職、キャリアブレークした者の再就職を目指す人のための就職などの就業職を目指す人のためのプログラムとし、修了者には「履修証明書」を発行し、大学での職業キャリアの形成を証明する。

また，今回の5期にわたる事業でみた修了生に対するアンケート結果を参照しても，有益であることが証明される。ただ，学部講義だけでコースの内容をすべて包摂することは困難である。その場合は，適宜プログラムに応じたエクステンション講習科目を用意するのもよいだろう。また，この講義の意義なくして，大学で実施する意味もないのではなかろうか。対象者の目的に合わせてプログラムを開講する。時間割の都合もあるので，1コースで7〜10程度の講座を紹介し，選択させるのがよいだろう。120時間という限られた枠内で「キャリア開発科目」を入れるのだから，学部講義は3〜4講座程度となる。3〜4講座を取得することで，どれだけ理解が深まるかは必ずしも定かとはいえない。ただ，120時間という限られた枠（もちろん，それを拡げることは可能であるが）で組み込むとしたら，それが適当に思われる。あくまでも最低限ということで，もっと受講したければ，各人で受講数を増やせばよいということだ。

　開講パターンは，大学によって異なる。科目等履修生として開講する場合もあれば，開放講義として開講する場合もある。それぞれの大学で決めればよいことである。ちなみに，本学の場合は，科目等履修生として受講を認めることになるだろう。一応，受講生について教授会の審議を経たほうが安心だからである。

　受講の講座数が少ない分は，資格取得によって学修を検証するとよい。資格取得を通じて一定程度の知識・能力を得ることができる。また，資格取得が該当する職場に就職できるとは限らないが，ある程度学んだことを検証する意味ではよいのではなかろうか。逆に，資格取得を義務づけると，負担も大きくなるし，そもそも大学

の講義は資格取得に向けた内容になっていない。その意味で，資格取得は義務とせず，受験することだけでよいだろう。

　4．そのほか，わずかな時間数で構わないが，フリーゾーンを設けてもよいようだ。フリーゾーンの内容は，コースから外れているものの，大学が開講している科目や，エクステンション講座，資格取得講座，公開講座などが含まれよう。時間数を換算して含めることができるものと思われる。可能であれば，企業実習も含めてもよいかもしれない。

　プログラムによっては，大学の学部講義やキャリア開発講座を充実させるという考え方もあるだろう。もちろん，フリーゾーンなので，かかる講座を充実させて受講させるのも悪くはない。ただ，せっかく大学で学習するのだから，自分の関心ある授業を受講するのもよいだろう。実際，心理学や教育学に関係する講座など，自身の関心に基づいて受講し，成果を挙げている人も多くいる。また，多忙な人を対象にすれば，土曜日や夜間に開講されることの多い公開講座などで時間数を補い教養を身につけるのも有益だろう。そういう意味で，フリーゾーンとして15時間分を空けておいた。

　5．かかるプログラムを受講した人には，履修証明書を提出するとともに，キャリアセンターでの就業支援も受けられるようにしたらよい。そのために，既卒者対象の求人や，かかる人たちへの企業実習などの機会も用意しておくとよいかもしれない。できれば，企業実習先については，求人とともにデーターバンクとしてウェッブ化しておくのもよいだろう。また，企業に対して人材ニーズ調査を

適宜行ない,「必要とするニーズ」を確保しておくことも大事である。

　6．あと,この「学び直しプログラム」については,委員会を組織し,検討・改善する必要があるだろう。この委員会は,学内の教職員だけでなく,外部団体として経済団体なども含みこむとよいかもしれない。また,必要に応じて,適宜人材ニーズ調査を実施し,産業界のニーズをふまえておく必要があるだろう。
　以上の仕組みにより,学び直しプログラムを作成した。今回のプログラムは,主として事務職や営業職を中心としているが,英語のスペシャリストなどを養成する場合は,「学部講義」の部分に英語科目を入れたりすればよいのである。
　プログラムの受講を考えたとき費用も嵩む。たとえば,プログラムを受講するときにパックにすることで安価に受講できるようにするのも一つの方法である。たとえ有料だとしても,受講生に対する負担への配慮は必要である。

6．大学で実施した再就職支援プログラム

　以上,広島修道大学で実施した再就職支援プログラムについて紹介してきた。本プログラムの一つの成果は,「学び直しの有益性」が確認されたということである。
　本プログラムは,大学修了以上となっている。ただ,実際は弾力的に考えており,面談を受けることで,専門学校や高等学校の卒業者でも受け入れている。元来,本学は熱心で丁寧な教員が多くいる

ようだ。だから本人の意欲があれば，大学の講義についていけないことはないようである。彼らは熱心に講義を聞き吸収し，優秀な成績を修めている。

　また，大学という空間の有効性である。スキルだけを学ぶのであれば，通信添削などで充分かもしれない。しかし，大学という空間は，それだけではない重要な意味がある。それは，共通の仲間を得ることができる空間であり，しばしの喧騒（社会的なことも含めて）から離れた空間であり，学びの空間であるということである。アルバイトで生計を立てていた若者にとって，自分の将来に不安を感じながら，孤独で悩みすら打ち明けられない状態から，共感できる仲間たちと一緒に新しい自分を見つけることができる空間となる。そして，半年間のプログラムを通じて，じっくり学び直しをした結果，心身ともに再就職への準備がなされるのである。

　もちろん，本プログラムの反応は，大学という空間や仲間ができたことだけではない。もちろん，学部講義などを学習することで，物の見方や考え方を学んでいる。資格取得の講座を通じて，資格を目指し乗り越える達成感，そしてパソコンや簿記の考え方やスキルを学んでいる。チャレンジゼミを通じて，就職への心構えと，強い気持ちをもつようになっている。そして，なにより「学ぶことの楽しさ」を知ることとなったのである。

　最後に，4人の体験談を掲載しておく。若干文章を変更しているが，内容については変えていない。

就職者の体験談

[1期生　女性27歳]

　再チャレンジプログラムを受講して，一番良かったと思えるのは自分の考え方が変わったことです。今までは，みんなが進学するから，就職するからと，周囲に流されるまま進んできました。しかし，勤めていた会社を辞め，いざ自分でこれからのことを決めないといけなくなった時，私は途方に暮れてしまいました。自分のしたいことをしていいはずなのに，自分で目標を立てることができなかったのです。そんな時に再チャレンジプログラムを受講し，私のこれからの人生について改めて考えることができたのです。

　親に相談したら心配されるし，生き生きと働いている友達にも相談しにくい…。そんな前職の辛さや就職活動の不安などを語れる場があり，相談できる人がいることは，自分にとってとてもありがたいことでした。母校に戻り，再び勉強できることも元気を取り戻すきっかけになりました。新しい思い出もできました。立ち止まり，じっくり学び，考えることのできる充電期間は私にとってとても貴重な時間でした。

　新たな一歩を踏み出すためには今何をすべきなのか。どう動くべきなのかを学ぶことができました。同じ「就職」という目標に向けて一緒に頑張れる仲間との出会い，チャレンジ講座での自己分析やキャリアの棚卸し，キャリアアドバイザーとの面談などを通して多くの気づきがありました。自分がどんな価値観を持ち，仕事に対してやりがいを感じることができるのか，そして他の人にはない自分の強みは何なのか。

　今は，民間の会社で正社員として働き，自己啓発も続けています。今回，宅地建物取引主任者の資格試験にも挑戦し，見事合格できました。再チャレンジプログラム受講時の私のモットーは「やらずに後悔するより，やって後悔の心意気」でした。再チャレンジすることは勇気と努力が必要ですし，チャレンジしても失敗することもあるかもしれません。でも失敗を恐れず，これからも様々なことに挑戦し続けていこうと思っています。このような気持ちを持てるようになったことが，このプログラムの一番の成果だと感じています。

[2期生　男性28歳]

　再チャレンジプログラムを受講し，有意義だったと感じること。その第一は大学の専門講義を受講できたことです。学部に関係なく自分の求める知識を得られ，また知的好奇心を満足させることができました。

　第二は「就職」という同じ目標を持った方々と同じ時間を過せたことです。自分が経験していない業種の話が聞けたり，考え方の違いを知ることにより，自らの考え方の幅を広げるのに非常に役立ち，職業選択に大きく影響しました。また，精神的にも同じ境遇の人がいることで相談もし易く，自分を追い込まず，安心して就職活動ができたと思います。

　第三は就職活動におけるマナー，心構えを教わったことです。学生時代に疎かになっていたり，今更他人には聞けないことや，当たり前になり過ぎて意識していなかったことを再認識しました。この点は，就職活動時や就職してからも，意義のあるものだったと思います。

　私自身はプログラム受講中から，ハローワーク，キャリアセンター，人材登録会社などを活用し，情報収集を行いながら，自分なりに頑張ってきたつもりです。受講生の中には，早々と就職を決めて受講を辞退する人，就職が目標のはずなのに，ほとんど活動せずにいる人など様々でした。

　様々な年齢層，状況の受講生が集まるため，資格を取るのか，知識を広げるのか，積極的に就職活動をするのか，希望は様々でした。就職に対する意識にもかなりの差がありました。未婚の男性と既婚の女性であれば，目標や就職に対する意識や条件は異なります。それを同じ様なカリキュラムで対応して良いのかは，疑問に感じました。

　私は以前小売業で店舗管理兼販売を経験してきましたが，営業職への転職は想像以上に大変なものでした。できれば広島で就職したいという思いがあったため，求人が限られたことは確かです。人材紹介会社に登録し，条件に合う求人があれば，応募する会社に合わせて書類を作成し積極的に活動しました。しかし，営業経験がないことは自分が思っていた以上にネックになりました。職務経歴書の作成の過程で，数値で売上実績をあまり表現できないという現実に直面したのです。このため，いろいろな本を読み，推進室のアドバイザー，人材紹介会社のカウンセラーの意見を取り入れ，工夫しました。少し時間はかかりましたが，自動車部品製造業の営業職として就職できました。

コミュニケーション能力について自信を持っているわけではありませんが，商品の良さを伝えることができる営業職は自分に合っていると思います。現在は配置転換し，事務職として働いています。覚えないといけないことが多く，大変な日々ですが頑張っています。

[3 期生　女性34歳]
　私は，大学で学ぶことができて本当によかったです。先日，会社で証券外務員二種の登録をする際に，最終学歴を記入する欄があり「専門学校」と書く時に，18歳の時の選択が一生ついて回る現実にちょっとため息がでました。卒業から14年経った今でも，高等教育を受けたうえでの合格かどうかが問われていると思うと，見えない格差を感じています。
　大学を出ていると聞くと，「大学の学費を支払えるだけの家庭に生まれ育っている」とか「受験勉強を頑張った努力できる人」「とても難しい教育を受けていて常識がある」という印象を受けます。そして，就職がなかなか決まらなかったり，勤めていて同じような仕事をしていても給与が違っていたりすると愕然とします。社会に出て，そのことに気がついてもなかなか後戻りはできません。そんな中，このたびの再チャレンジプログラムで，大学での学びを経験する機会を与えていただき本当にありがたく思っています。社会に出てから，学び直したいと思った時に，その選択肢があることは素晴らしいことだと思います。子育てを経て，職場復帰したいと思ったとき，仕事を離れていたブランクのため，自信を失っていました。家事と育児を両立しながら働けるかとても不安でした。半年ではありますが，大学に通い家事や育児と両立でき，新しい就職先も決まり本当によかったと思います。
　それだけではありません，自分が学びたいという意欲をみせれば，それに応えてくれる先生方に出会えたことは大きな財産でした。自分は今こうだけど，将来はこうしたいといった漠然とした思いを聞いていただき，具体的に提案してもらえる。それは思いもよらないことで，今まで過ごしてきた世界の狭さから開放されたような気持ちがしました。私は現在，銀行で年金の手続きをする仕事をしています。女性にも学び直すチャンスがあることで，働きたいときに働けて，ひとりの人間として，社会貢献ができることを目指せる社会であって欲しいと切に願います。

[1期生　男性28歳]

　私は大学の法学部を卒業した後，法科大学院に入り勉強したいと思い何度か試験を受けました。しかし結果が出ず，これからどうしていこうかと考えていたところ，このプログラムに出会いました。勉強は一人で続けていましたが，改めて学部の講義を受けることができ，学生の時に受けたときよりも理解は深まりました。また，自分が一番貴重だと感じているのは仲間との出会いでした。これまで就職についても一人で考え，一人で決めて行動していたのですが，プログラムで出会った仲間との情報交換により，様々な業種，職種の大変さやおもしろさを聞くことができ，職歴の無かった自分にとってはとても参考になりました。社会に出ることは一人で突き進むことではなく，仲間と協力しあい助け合っていくことだと気づかされました。意見の対立もありながら企画，運営した学生企画講演会の開催はとても大変でしたが，仕事の流れを学ぶことができました。

　具体的な就職活動については，年齢の割に職歴がないことがコンプレックスになっていました。民間企業を受け，職歴を積んだ後に次のことを考えようかと迷った時期もありました。そんな時に推進室のアドバイザーに相談して，これから民間に就職し経験を積んだ後で夢を実現するメリット・デメリットについて考えました。正直迷いはありましたが，将来設計を考えた時に今まで目指してきたことへのベクトルの向きを変えたくないという思いに気づき，「今だからこそできること」も大事だと思うようになりました。

　プログラムが修了して1年という期間を経て，2009年4月から広島県庁で働いています。

154 第4章 大学が実施する再就職支援プログラム

図表4−10 [地元ニーズを踏まえた「就職氷河期世代」の再教育・就職プログラム] 開発・実施

主な対象はフリーターや若年離職者、20時間にわたる講義や資格講座などに加え、専任アドバイザーによるキャリアコンサルティングの実施やハローワーク等との連携により再就職、再チャレンジを支援。

受講者数：132人（H19〜H21年度）　　　**修了者数：89人（H19〜H21年度）**

【受講対象】
- ◆フリーター・転職者
- ◆職を解雇された者
- ◆出産等で一旦離職した女性　など

【受講面の状況】
① 自分が正社員として働ける期間が短くなっていることについての認識が不足している。
② 企業を選択する際に、企業の規模、給与や勤務時間、場所などを優先してしか会社を選べなかった。
③ 新聞でも見ても財務諸表の意味がわからなくなっていた。
④ 勤務していても自分の立場からでも、雇用者の立場からも理解していなかった。
⑤ 会社の業績不振などにより職場を解雇されたため、会社の仕組みに疑問を感じたながら、フリーターを続けている。
⑥ コミュニケーション力などの社会人基礎力が不足し、即座の就職活動にならなく、一旦退職したら何をしたらよいのかわからない。
⑨ 一旦退職したが、再就職後自信を失い、再就職を目指しても何からすればよいのかわからない。
⑩ 地域移住や子育てなどで一旦離職し、再就職を目指しても、就職機会に恵まれない。

【身に付ける能力】
- 簿記・企業会計等で有益な基礎社会人資格講座
- ファイナンシャルプランナー・労働契約等で有益な能力アップのための社会人基礎力・マナー・チャレンジ講演会
- 就職活動のためのノウハウチャレンジ講習・チャレンジ講演会
- 企業へ再就職するための実践ワークショップ・インターンシップ

【受講の成果事例】
① 金融資格をファイナンシャルプランナーを受講者することで、今から伸びそうな業種、中小企業等の変革を利活などに学び、資産運用、年金などの人生設計について大きな違いがあることを置ぶ、また法律や社員と出世の仕組みの社会人基礎力、マナーチャレンジ講座
② 世界経済情勢の中小企業状況を学ぶことで、企業分析の知識や仕組みが理解でき、実務と共に経理の意味を理解し、企業の内部状況も含めた立場について分析ができた。
③ 簿記論を学ぶことで講記の仕組みが理解でき、実務と共に経理の意味を理解し、企業の内部状況も含めた立場について分析ができた。
④ 経理分析論を機構し、企業の財務情報を理解することで、企業分析が可能となった。
⑤ 人材マネジメント論を受講することで、会社の研修システムや社員管理の重要な立場がわかり、人材育成、会社が求める社員管理の重要な立場について学ぶ。
⑥ 労働法の全体像についてさらにかかった。
⑦ 労働案件の取り扱い方についてさらにかかった。
⑧ アドバイザーによる個別および集団面談を重ね、落ち着きで就職活動に成功し、目標を民間企業に就職して、民間企業を活用して目指し、生涯学習論を受講し、さらに公務員対策を始め公務員試験に合格、目標を成し遂げ地方公務員として現在に勤務している。
⑨ チャレンジ講演で手にした情報等を学習し、企業選択の幅を広げることができた。
⑩ 簿記で手にした情報処理学んで、企業精神養成講座などの機講を行うことで、企業の選択の幅を広げることができた。

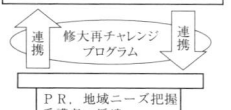

キャリア・アップ

【就職の状況】
就職先は民間企業や国家公務員等、プログラム修了生に対し継続して面接やフォローアップを含め実施している。また現在も就職活動を継続中や学んだことを目標に向けて勉強中の修了生も多い。

	1期	2期	3期	4期	5期
受講者数	32	16	24	29	31
修了数	23	10	13	21	22
就職者数 正規	20	11	2	4	4
就職者数 非正規	7	0	12	4	3
就職活動中等	0	0	0	8	16	21

※ 就職者数は本様子を含む

【広島県立大学産学術交流センター】
企画運営・教員配置等実施体制の構築
（資格・再チャレンジプログラム修了証
ジョブカードプログラム）

→ 連携 ←

修了後再チャレンジプログラム

連携

P.R. 地域ニーズ把握
受講者等の派遣
企画評価委員

第5章　学び直し可能な社会を目指して

　これまで述べてきたことを端的に述べると，要するにこれからは「誰もがいつでも勉強していかなければいけない」，そして，「いつでも学びの場が保障される」場を提供する。あるいは，かかる環境をつくっていくことが重要であるということである。もちろん，これまでも企業では研修が行なわれてきた。ただ，それで充分に人材育成が行なわれていたかといえば疑問である。それは，自身の企業のため企業人としての研修はなされたといえるだろうが，いかにも対象は限定的である。「学び直し可能な社会」とは，会社を辞めてしまった人，会社とは別の世界を知ろうとする人，別の会社を知りたい人など，さまざまな人々がさまざまな場で学び直しができるようにするということだ。

　これまでの生涯学習は，退職者を対象としていた。教養としての学習を深め，人生の楽しみの一つになることはすばらしいことである。私は，本来歴史学が専門である。よって，こういった人々に講義し対話することは楽しいことである。また，彼らはイキイキとしており，講義を聞くことが楽しそうである。ただ，ある意味で，講座は持て余し気味で，結果，講座のために，「動員」をかけることも見られるのが現実だ。

今回のプログラムでは，広報はそれなりにやったが，「動員」を行なったことはない。これは，無料であったことも理由の一つだろうが，講座が有益だったことも理由として挙げられよう。その有益性は，実践型教育プログラム＝出口が展望できる学習プログラムだからである。切実で，必要な講座を提供することが大事である。

　私は，こうした二つの事業が成功した理由の一つとして，学び直しを単に実施するだけでなく，大学や公民館という場で実施したことを指摘したい。つまり，通信添削などでスキルを得ることも大事だが，大学や公民館で実施することを通じて，考えを共有できる仲間を得ることができたということである。学習するメリットだけでなく，話し合いによって，自分に直接関係する課題に対して深化させることが可能である。

　さて，広島修道大学では「修大再チャレンジプログラム」として「社会人のための学び直しニーズ対応教育推進プログラム」に参加したが，他大学はどのような学び直しの取り組みがなされたのであろうか。この点について紹介しておこう。

1．多様な学び直しプログラム

（1）各大学の取り組みと分類

　2007年度と翌2008年度の2年にわたり，文部科学省は本プログラムの委託事業を公募したが，結果として160事業が採択された。特に，人社系82件，理工農系42件，医療系36件の3種類に分けて採択されたが，今回取り上げたいと考えている人社系に限って，その内容を一覧表で紹介しておこう。図表5－1がそれである。先に紹介

図表 5-1　2007・2008年度「社会人の学び直しニーズ対応教育推進プログラム」概要一覧（人社系）

学校名	プログラム名	概要
青山学院大学、大阪青山大学	地域の教育力イノベーションとワークショップデザイナー育成プログラム	ワークショップデザイナー（地域教育専門員）とは、児童館や地域のミュージアムをはじめ、子ども連の活動の場所や場面で、コミュニケーションを基盤とした知識や技能を活用する活動プログラムを企画運営する専門職である。本企画では、学習観から管理体制まで学べる体系的なコースと、eラーニングから実習までの多様で実践的な科目群を用意する。
帝塚山大学	国際ビジネス実務薬-国際ビジネス法・ビジネス英語・交渉力のスキルアップのためのプログラム	グローバル化時代に必要な人材として、国際ビジネス実務、交渉力を兼ね備えた「国際ビジネス法」を養成する「学び直す」を開設し、関西の国際化に活性化につなげたい。対象は、企業の法務関係者を中心に、広く国際取引、外国語に関心がある社会人とする。
新潟産業大学	地元産業界のニーズに基づく、実践的・総合的なしかも産学官連携人材育成プログラム	地元産業界への就職・転職を考える社会人全般（無業者含む）を対象とし、地元産業界のニーズに基づき、職業人として実践すればならないヒューマンスキルの基盤形成を行うとともに、受講者の興味・関心のある分野の受講により、専門職として必要な知識・技能を修得するための実践的かつ総合的な取組みとする。
日本女子大学	キャリアブレーク中の女子大学卒業生のためのリカレント教育・再就職あっせんシステム	この事業の特色は、主として出産・育児等により離職した女性にリカレント教育を提供し、その修了者に大学がレベルの高い再就職先をあっせんする、教育・就職あっせんを一体化を図ったことである。
川崎医療福祉大学	自閉症支援現任者トレーニングセミナー	この事業は、自閉症・発達障害支援において戸惑いや不安を感じている教師・保育者・医師・施設関係者・家族・ソーシャルワーカー等の現任専門職者及びTEACCHの考え方を基礎に実践においての理論と方法を学び直す機会とする。
武蔵野大学	新卒無業者の元気・やる気アップのための「コミュニケーション能力開発プログラム」	この事業は、対人関係やコミュニケーション能力に課題がある大学卒業時に就業無業であった若年者に対して、「コミュニケーション能力開発プログラム」を提供し、就職に結びつけようとするものである。
函館大学	現職の学校教員に対する、指導力向上のキャリアアッププログラム	主として津軽海峡を中心とする地域（北海道南、道央と青森県北部）の現職の小、中、高等学校教員、いじめ、不登校、非行、学級崩壊、特別支援教育などの課題解決に苦慮を重ねている教員を対象とする教育力向上を踏まえた学び直しの教育プログラムである。
愛知県立大学	ポルトガル語スペイン語による医療分野地域コミュニケーション支援能力養成講座	医療関係現職の社会人および医療関係就職希望者を対象とする。学生時代に学んだスペイン語・ポルトガル語を学び直し、コミュニケーション支援能力を身につけた人材を養成する。
愛媛大学	農山漁村地域再生をめざす「地域マネジメントスキル」修得活用事業	活力ある農山漁村地域を再生するため、退職団塊世代・企業の定年退職者を中心に、不安定的雇用等により転職を考えている人、定職についていない人、地域活性化・新産業創出力のある人材を対象に、1）地域学修意欲、2）地域資源活用管理運用能力、3）地域活性化・新産業再生マネジメントの養成を行う。修了後は「愛媛大学地域再生マネージャー」の称号を与え、これらの人材と愛媛大学が継続的な連携支援体制を確立し、共に地域の再生を継続的に進める。

大学名	プログラム名	概要
徳島文理大学短期大学部	コンパクトシティー教育拠点構築における実践英語能力ステップアッププログラム	徳島県のコンパクトシティ教育拠点構想における実践英語能力のステップアップを望む社会人に対して、さらに高度な実践英語を習得する技術と機会を設計する。
沖縄大学	菓子等食品ビジネスプランナー養成プログラム	本事業では菓子等の食品関係事業を起業または、従事したい社会人や、新たな学び直しをしたい社会人を対象とする。そのために、1）地域農水産物の加工利用の状況を明らかにし、2）菓子、健康食品、機能性食品、医薬品等への展開方向を検討し、3）ビジネス素を想定した商品の課題も明らかにし、4）試作品を開発し、米国での市場調査を行い、視野が広く柔軟かつ幅広く再チャレンジ人材を養成する。
山梨県立大学、山梨学院大学、身延山大学、帝京学院短期大学、山梨学院短期大学	山梨県における新インバウンド観光振興に向けた地域の担い手となる人材の育成	これからのインバウンド観光における新たな商品開発や外国人観光客に対するサービス提供を担う人材を育成することを目的に、県内の観光関連企業の幹部候補や次期経営者、首都圏の大手観光関連企業の企画担当者、公益団体職員などを対象に、外国人観光客（特に個人旅行客）に対する、山梨県の魅力を活かした高付加価値の商品開発の企画立案ができる人材を養成する。
志學館大学、鹿児島女子短期大学	介護福祉の専門性を高めるための「心の理的支援の実践力養成プログラム」	介護福祉士は、現場の介護福祉士、及び有資格だが現在は介護職を離れている潜在的介護福祉士を対象に、介護現場に必要かつ有効な、介護対象者の心身の安定のための心理的支援の実践力を養成すると共に、潜在的介護福祉士には介護の学び直しを教育する。
飯田女子短期大学	「介護予防運動指導員」の実践力を養うための研修プログラム	このプログラムは、介護予防運動指導員の実践力を養うことを目的として、一般高齢者を対象とした介護予防運動プログラム（介入試験）を行う。カリキュラムは、介護予防運動指導員がスタッフとして介入試験に携わることで、後の業務として考えている高齢者の生活を支援できる人材養成を目指すことを特色とする。
金沢学院大学	環境経済士養成プログラム	信越・北陸地区の中堅企業・自治体・各省庁の職員、税理士、公認会計士、中小企業診断士、公共事業技術士、調査コンサルタント）を対象に、キャリアアップを図る。
芦屋大学	芦屋市教育委員会と連携した小中学校における特別支援教育の補助教員養成プログラム	「学校現場」を「特別支援教育」から始められた、知識経験を有する教員が少なくなった。教育現場をサポートする「支援員」を求める声が多い。本事業は、雛壇した教員及び教員志望の障害児教育経験者に対して、1.5時間の授業を延べ18回行い、補助の支援員を養成する。
東京富士大学短期大学部	「就職弱者」のための経理実務者養成プログラム	簿記の知識はあるが実務経験がない、あるいは、過去に実務経験はあるが実務を離れていて自信が無いを理由に再就職を躊躇している求職者を対象とする。経理実務に必須の「知識・スキル」が体系的に修得できる、現場で発生する様々な問題の「解決力」を養え、最終的には経理担当者としての「自信」を身につけられる経理実務者養成プログラムの提供を行う。
関西学院大学	デジタル技術下の経営に適応するためのキャリアアッププログラム	技術経営に関する知識と新たなスキルを得るためのスキルを養成し、実践的で短期間の技術習得を可能にする。技術経営に関しては、専門職大学院などで展開されている水準相当の科目を中心に、デジタル製品の設計のためなくなっている有限要素法、量子論の理解、電子論の理解、技術者のためのソフトウェア利用技術の習得、CAD技術の習得を目としてカリキュラムを作成する。このカリキュラムは「役に立つ」技術者を養成する。
富山大学	現代的教育課題に対応した教育支援人材育成プログラム	学校が抱える課題、具体的には学力向上、心と特別支援の問題、理科教育、教育の情報化などのテーマに応じた教育支援人材育成のための学習コンテンツを開発し、実施可能なカリキュラムのもと、質の高い学校教育支援人材を養成する。具体的にはサンプル校となる企業の環境改善を診断し、最終的には簡便な環境取組報告書に取りまとめ支援人材を養成する。

1. 多様な学び直しプログラム

大学	プログラム名	内容
宇都宮大学	企業の環境取組み診断を通じたプロジェクト・マネジメント能力の錬成プラン	「模擬コンサルティング」の経験をプログラム化する。その過程を通じて、交渉能力やコミュニケーションスキルを体得し、対象企業の満足度および社会人基礎能力の錬成を図り、プロジェクト・マネジメント能力の向上を目指すこととする。
京都大学	会計専門職の学び直しを支援する短期集中教育プログラム	本教育プログラムは、会計士を巡る急激なインフラの変化に対応不良に陥っている公認会計士を第一線で活躍できるように再生することを目的としている。昼間開講のファイナンス、会計プログラムの既存の講義に、夜間及び休日に新規に開講する講義を加えた新規カリキュラムの編成を行って知識、理解を補強する。
筑波大学	文化遺産を活用した地域再生のための学び直し研修	本事業は、文化財関連業務に携わってきた社会人（地方公共団体等の専門職員、産業遺産等する有する企業担当者）及び学生に対し、観光関連業務に携わってきた社会人（都市計画専門家・観光コーディネーター等）の両者を主たる対象とし、地域再生のための文化遺産を活用するための学び直しを目的とした年一泊二日の合宿研修を行う。
岩手県立大学	コミュニティ・カウンセラー教育・研修プログラムの開発・実施	民生委員・児童委員を中心とした地域社会に活動する福祉人材を対象とし、これまで蓄積された相談業務から脱皮し、相談技術のスキルアップを目的としたカウンセリング理論・技術に基づくコミュニティカウンセラー教育・研修プログラムの開発・実施事業を展開する。
関西学院大学	産学官NPO連携「ハッピーキャリア（女性の再就業）」支援	プログラムは、ヒューマンスキル系と専門科目（基本科目と専門科目）とを段階的に履修するカリキュラムによって、企画系、経理・財務系、営業・マーケティング系、人事系などでのNPO設立や起業などで必要なスキルをブラッシュアップするだけでなく、キャリア支援プログラム（メンタリング・カウンセリング、記録サービス）とフォロープログラム（アクション・プランニング、インターンシップ等）を提供することにより、実際に再就職、起業につなげる。
大妻女子大学	地域の教育委員会と連携した幼稚園・小学校の特別支援教育補助員及び理科支援員の育成	保育士、幼稚園、小・中学校教諭、養護学校教諭等の有資格者、それと同等の経験を有する人で仕事をしていない人々を対象に、特別支援員と理科支援員を育成するプログラムを実施し、地域や学校の教育を支援する。
京都大学	キャリアで女性の再チャレンジを支援する短期集中教育プログラム	現在勤めている企業等においても限界（ガラスの天井）を感じ始めている30代半ば以降の年輩で、新しいキャリアを切り開くことを主としている女性を主たる対象とする。すでに女性の体験談を毎回設けるとか、こうすれば社会が立ち上がる、と思われる技能習得への筋道をつけると共に、事業計画の作成など最低限必要と思われる技能習得（収支を取ることをマーケティングの基礎）を養成する。
上智大学	人とかかわる職種の人のためのカウンセリング基礎プログラム	本プログラムは、対人支援活動の諸現場で正年まで必要とされているカウンセリング・マインドの養成を、体験的なトレーニングで実施し、これに当たる学びを直ちに現場に還元することを目指している。
福島大学	高齢社会における弱者の権利と生活を護る担い手作りプログラム	高齢社会の到来を迎え、地域で生活する高齢者や障害者、その家族の安全・安心な生活を支える地域単位での総合的な支援体制の確立、一定程度の法的知識を有する相談・支援に当たる福祉的素養を持つ人材の養成が求められている。支援の従事者に多様な相談・支援に関する法的知識と福祉的素養を持つ人材養成、及び広くそうした業務に携わっている専門職員の一層のスキルアップを図るための、体系的な再チャレンジ教育である。
	再び女性か小学校で活躍する	

160　第5章　学び直し可能な社会を目指して

大学	プログラム名	内容
聖徳大学	ためらう学びなおし「教育支援サポーター」プログラム	本プログラムは、子育てが一段落した女性等、取得した免許を再生かし、小学校のニーズと取っている免許の再活用を結びつけるものである。目的とし、小学校のニーズと取っている免許の再活用を結びつけるものである。
帝塚山大学	英語による奈良観光ガイドス人材養成プログラム―奈良モデル語の習得できる社会人を海外に紹介する観光産業。	就職氷河期に就職した女性、子育てなどで一線を離れた人々、定年退職後に社会貢献を目指す人々を対象に、観光英語の訓練を行い、奈良在住の外国人案内を通じて奈良観光を活用化する人材育成を目指すプログラムを与える。
大阪樟蔭女子大学	有資格者等に対する児童英語の学び直しと教育現場での英語活動指導力育成プログラム	本学は、知的財産資源や教育・学習機能を社会に発信・還元するため、英米文学科・児童学科・ライフプランニング学科を中心とする教育資源を活用して、児童英語の学び直しと教育現場の英語活動指導力育成プログラムを企画し、子育てが経験した保育士、幼稚園、小学校教諭などの有資格者や、英語力を有する人材に、社会復帰とその能力を活用するための支援を行う。
九州大学	対人援助職を対象とした専門性を高めるためのスキルアッププログラム	心の問題への専門的対応として、臨床心理士のニーズが高まっている。本プログラムによって、臨床心理士の専門性をより高めることと、常勤職への道を開く。
筑波大学	大学マネジメント人材養成プログラム	大学のマネジメントにあたって、教員と協働する高い専門性を持った人材を養成するために、キャリアアップを希望する大学職員や大学についての基礎的知識からの転職希望者に対して、実践的な教育機会を提供するものである。
大阪教育大学	大学と学校・教育委員会の連携による教員免許所持者のための即戦力化教育プログラム	本事業では、教員一種免許状を取得し、教職への志を抱きつつも、その夢を叶えていない者のうち、学校現場に必要とされる経験の浅い中核教員世代（概ね30歳～40歳）に対し、今求められる資質・能力の育成並びに事前に教職適正を自己判断する教育委員会と大学でプログラムを教育委員会が連携して提供する。
佐賀女子短期大学	団塊の世代の知と経験を生かす子育て・保育サポーター養成及び活用プログラム	本実践では、子育て「子育てコミュニティカレッジ」の研修事業を拡充し、地域の子育て環境作りや地域の子育て力の創造に向け、団塊の世代を対象とした、子育て・保育の支援者養成プログラムを開発し、研修（実習→講義→実践）を実施する。
佐賀大学	佐賀大学デジタルコンシェルジュ・クリエーター養成プログラム	本企画では、デジタル・コンシェルジュに関心の高い情報関連産業の非正規雇用労働者、ニート・フリーター等の社会人を対象とするデジタルコンシェルジュ・クリエーターを養成する。
法政大学	地域づくりを担う人材の育成に向けた子育て後向けの遠隔授業系プログラム	本事業は主婦やマリナーを育成する。中小企業経営者や商店主の経営力を高め、地域づくりの担い手の育成を図る。
滋賀大学	地域活性化プランナーの学び直し教育推進プログラム	本事業は、地域ガバナンスの中核として期待される行政職員、NPO職員、教員採用試験への再挑戦、近年特に需要の高い家庭科臨時講師を目指して、改正・改訂された教育関連法規、最近の学校教育の課題、実験・実験体験、新しい指導方法、コンピュータの活用などを学び、自信を取り戻し、授業実践能力を養うプログラムである。
神戸女子大学	子育て後に一段落した女性にベーパーティーチャーの家庭学校教育への道を拓く教員・臨時講師の再活性化推進プログラム	免許状再取得、教員以外の職への挑戦、学校現場の職場に就くなど、改めて教職に就きたいと考えている女性などを対象とする。教育現場に立つために必要な教育関連法規、最近改訂された教育関連法規、新しい指導方法、実習体験などを学び、自信を持って教壇に立てるよう、地域教育への貢献など（地域活性化プラン）を目的とした教育研修である。
東京外国語大学	多言語・多文化社会と求められる新たな専門職としてのコーディネーター養成プログラム	外国人受入施策に関わる企業・行政・国際交流協会の職員、日本語支援や相談活動を行っている市民団体の中心スタッフなどを対象とし、多文化社会に貢献できる人材を養成する。外国人児童生徒の支援に携わる教職員、地域での多文化共生である。

1. 多様な学び直しプログラム

大学名	プログラム名	内容
静岡県立大学短期大学部	離退職保育・看護資格保有者のキャリアアップのための[HPS]養成教育プロジェクト	コーディネーター養成プログラムを開発・実施する。本プログラムは、英国HPS教育財団・病院・施設との提携によりHPS教育カリキュラムを実施する我が国初の本格的HPS養成である。対象は保育士・看護師等の資格を持ち、保育・医療現場等で実務経験のある離退職者とする。
福岡教育大学	正規教員を目指して教職に立つ講師のための指導力向上プログラム	実践している教職に大学時代に学んだ教職に対する基礎基本をつなぐため、熟達教員による授業をDVDに収録しての研究したり、模擬授業への予想課題を想定しての討論会などの実践的活動を取り入れた研修を計画的継続的に実施し、教職に対するスキルアップと意欲の向上を図ることにより、教員採用試験に対する意識を高め、正規教員となる準備活動を行う。
埼玉純真短期大学	「軽度発達障害」の幼児に対する特別支援力養成のための教職員再教育プログラム	保育士、幼稚園・小・中・高校の教師を対象としてこそキャリアアップにつながることを目的にプログラムを実施する。
聖隷大学	子育てから手の離れた女性などへの保育士養成ブラッシュアップ・資格再活用プログラム	「子育てから手の離れた女性」や、眠っている資格を持っている保育士資格または幼稚園教諭免許状の取得者を対象に、実践的な短期集中講座を提供し、再就職やボランティア等の社会参加を支援していくことを目的とする。
慶應義塾大学	地域起業家養成研修	本プログラムは、おおむね10年前後の企業勤務経験を持ち、自己の実績創出力や社内での存在感に一定の自信をつけた人々（現在就業中であるか、すでに退職しているかは問わない）を対象とし、彼らが独立し起業するために必要となる体系的教養を、今後のキャリアベースに付与するものである。
早稲田大学	埋蔵文化財調査士および資格授与のための理蔵文化財科学実践プログラム	本プログラムは、3ヶ月～6ヶ月ほどの短期間に、最新の調査・保存技術や、文化財関係の法令、考古学理論、さらにはコンプライアンスなどについて集中的に学び直し、修了時に「埋蔵文化財調査士」の資格を取得できるシステムを構築する。
同志社大学	ソーシャル・イノベーション型チャレンジ支援教育プログラム	積極的に「再チャレンジ」したい社会人を対象に、NPO、経済団体、行政機関等と連携しつつ、本学の既存資源を活用しながら、社会起業家育成と就職支援のための新たな教育システムを開発する。
東京家政大学	いま保育士に求められる専門性の学び直しと現場復帰への保育士再チャレンジプログラム開発事業	本プログラムは、保育士養成施設として半世紀を超える歴史を有する東京家政大学が、東京都立公立保育園が導入されて以来60年の歴史をもつ東京都立保育園研究会と連携して学術研究を融合させて共同開発する。現場復帰したいと願っている有資格社会人と、保育現場での新しいニーズに対応するために、キャリアアップ教育を受けたいと願っている現職を対象としている支援プログラムである。
浜松学院大学	多文化共生社会の構築に資する日本語教員養成プログラム	本プログラムは、本学設置の日本語教育専攻（副専攻相当）を利用した、社会人向け日本語教員養成プログラムである。主な対象者は、ボランティアその他で外国人支援に関心を持ち、スキルアップや将来的な定職の確保を目指す青年や稚熟女性などに位置している。
東京工業大学	企業内社会人のキャリアアップを支援する「エッセンシャルMOT」	関東圏の中堅企業、中小企業に勤務する30歳前後の社会人（20歳代後半～40歳代）が技術経営（MOT）を学び、自社における経営幹部への一キャリアアップを図るための学習機会を提供するプログラム。
浜松学院大学	地域共創社会の実現に資する「外国人支援リーダー」養成	本事業は、在住外国人をめぐる諸課題に適切に対応しながら効果的に支援できる「外国人支援リーダー」を養成

162 第5章 学び直し可能な社会を目指して

	プログラム	
専修大学	KS（川崎）専修コミュニティ・ビジネス・アカデミー	成し、以下で地域共創社会の実現に資することを目的とする。本事業は、川崎市と連携し、3ヶ月間の座学・ゼミナール、実習から構成されるカリキュラムを用意し、生活文化都市への移行につつある川崎市で再チャレンジ可能な人材を育成することを目的として実施する。
神戸女子大学、神戸女子短期大学	フリーター・ニート・主婦のための再チャレンジ支援講座	本学は現在『キャリア・デザイン』に関する教育科目を具体的に展開しているので、その取組を生かして、女性のフリーター・ニート及び子育て期を終えた主婦を対象とした就職支援講座を実施したい。
東北生活文化大学	アート系職人養成プログラム	本学生活美術学科に所属する高度な技能を伝承する職人（宮城名工会等）と、アート系職人を育成するプロジェクトである。仙台で活躍する高度な技能を伝承する職人（宮城名工会等）と、アート系職人を育成するプロジェクトである。
広島市立大学	再チャレンジに英語を必要とする社会人のためのイングリッシュブラッシュアップラーニングプログラム	本企画は、本学の英語システム及び教材を活用してきたネットワークによる集中英語学習プログラム（以下、「イングリッシュ」）は、大学だけでなく、生涯学習機関の大学等の自主に配布し、再チャレンジキャリアアップを希望する受講対象者を必要とする社会人を、IT を用いて支援するというものであるので、受講対象者は、子育て等で離職した女性を中心に、キャリアアップ再就職に英語力を必要とする人を予定している。
岩国短期大学	幼稚園教諭免許・保育士資格保有者のスキルアップ及び再就職支援のためのプログラム	本企画は、幼児教育についてのスキルアップを希望する現職及び離職中の幼稚園教諭免許・保育士資格保有者に提供するプログラムである。
北陸大学	職能団体連携によるデザインプレゼンテーション、ビジネススキル向上プログラム	本講座は、建築分野におけるデザインプレゼンテーション能力（設計表現技術）とビジネススキル・説明表現技術」を向上させることを目的とした産学協働の教育プログラムである。（協働推進）
岐阜女子大学	社会人のためのネットワーク教育プログラム　デジタル・アーキビストの養成プログラム	情報通信技術の発展により、急激に変化する社会に対応できる人材、デジタル・アーキビストを養成するのが本事業の目的である。情報通信ネットワークを活用して、高度通信ネットワークを活用した創造、保護・活用に挑戦することを目的とする。
法政大学	転職、再就職希望者に対するプログラムを実施する「トータルキャリア教育」	本事業では、第2新卒者、社会人、主婦、フリーター等、転職、再就職希望者に対するトータルキャリア教育プログラムを実施、自立型人材育成を目指して設置するキャリアデザイン学部の人的資源、会員加盟している東京商工会議所の基本合意を締結している日本商工会議所の連携を活用する。
大分大学	大分県における教育情報化のための「情報教育イノベータ」育成プログラムの開発	本事業では、大分県の初等・中学校の教員の教育の情報化を推進する人材として活躍する3つのステップから構成する「情報教育イノベータ」を育成する。それを証明するための情報を作成し、EQ 教育プログラムでの共通性を養い、主に県内の現職教員と本事業前の教員志望の学生を本事業後にキャリアアップすることを目的とする。
徳山大学	EQ 教育を柱とする若者のためのチャレンジ支援プログラム	本プログラムは、主として EQ 教育により人間力を養成し、それを証明することにより、正課外教育を正式導入した「EQ 教育プログラム」の実践の中で労働の実践力をつけ、自立支援等への挑戦するものとし、自立性の発見と涵養を目指して、第2ステップでは、自立人として身の素養を高めながら、社会的評価の高い資格を取得、現代社会で不可欠な IT 能力と、社会人として身の素養を高めながら、社会的評価の高い資格を取得、複数のインターンシップに挑戦する。最終段階の EQ 教育プログラムを受けながら、複数のインターンシップに挑戦する。
大阪人間科学大学	心の問題を抱える児童生徒の立ち直りを支援する専門職の理論的力量及び実践力養成事業	本事業では、本学の総合テレビ会議システムを駆使し、ケーブルテレビ等を教材として開発し、広く社会に還元する「リアルタイム継続型事例検討会」を実施し、その成果を教材として開発し、広く社会に還元する。第3ステップ面接講義は年間7回、リアルタイム継続事例検討会は年間24回開催する。
九州ルーテル学院大学	ひきこもり経験者の正規就業	本事業では、ひきこもり支援団体及び地域の雇用環境整備協会と協力し、事例を題材として学ぶ「リアル基礎学力講座、社会研究講義及び就

1．多様な学び直しプログラム 163

大学	プログラム名	内容
三重中京大学短期大学部	意欲を向上させる3つの教育支援講座、学生ポランティアによる準備気分等による双方向授業	これらの講座では、少人数クラス、複数講師による双方向授業、受講者が学びやすい環境を整えている。
青山学院大学	主体的な学びの再生と復活を目指した家族介護教育養成プログラム	本事業は、保育者として現場復帰しない休職中の有資格者や保育現場でキャリアアップを目指している現職者を対象として、保育現場における家族介護助言で求められるソーシャルワーク、カウンセリング、障害児保育を中心に学び直すことで、現代的な保育ニーズに対応した学習を目指す。
光産業創成大学院大学	主婦・団塊世代等社会人経験を有する人材に対するオンライン学習支援者育成プログラム	本事業は、eラーニング等ICTを活用した遠隔教材において、オンラインコミュニケーションによって学習支援を担当するオンライン学習支援者（eメンタ）を養成する教育プログラムを開発・提供するものである。
昭和女子大学	産業活性化に向けた社会人再チャレンジ層の起業支援プログラム	本事業は、一度起業として失敗し再起業を目指す社会人、廃業に関係なく起業を目指す社会人女性（主として30～40人、起業しようとする女性等を対象として、本学における学生起業支援のノウハウを活かし起業に必要な事業コンセプト・基礎知識の構築、自己表現能力の向上により自立した社会人として主体性を持った活動及び将来性のある活用創出できる人材の育成を行う。
佐賀短期大学	元気に再チャレンジ！産学地域が連携する女性のための学び直しと再就職支援プログラム	本事業は、結婚や出産、家庭の状況等により大学・短大等卒業後の社会人女性（主として30～40歳）を対象として、ワーク・ライフ・バランスの再設計を図りながら自己実現を目指して学習し、個人の適性や能力を活かした再就職や起業、地域活動参画につなげる自己啓発プログラムを提供する。
広島修道大学	「地元ニーズをまえた「匠の再教育」「介護予防」講座成プログラム」開発・実施	本事業は、現に介護予防を担っている高齢者または介護予防を目指している人のキャリア・技術のスキルアップ、未経験労者の介護就職を支援する三者を対象とした介護予防を専門的に支援できる人材養成を目的とするものである。
武蔵野大学	地域社会における「中小事業者向け事業マネジメント」人材育成プログラム	本事業は、主として就職氷河期だった若年年層離職者・フリーターの再教育・再就職で「中小事業者等の定年退職者・若年退職者」「企業等退職者「中小事業者向け事業マネジメント」を推進・支援する専門家」を育成する。
摂南大学	地域の活性化を担う実践的なICT活用人材の自立支援を目指す教育プログラムの開発	本事業は、千代田区と協働して、企業等の定年退職者・若年退職者・企業等退職者、若年退職者の定年退職者の実践的応用力・ICT利活用能力を身につけることができる教育プログラムを構築し、地域の企業に求められる人材を輩出することを目的としている。
関西学院大学、同志社大学、立命館大学、関西大学	団塊世代の再活用を図るための地域貢献型社会起業家養成プログラム	本事業は、地域の企業の再就職を目指すキャリア・デザインを見据えて地域に貢献するために団塊世代のキャリア・デザインを見直した科目群と社会貢献退職後の活躍のための支援を行う。
香川大学	地元経済団体と連携した、地域中小企業の中核人材のための能力向上プログラム	本事業は、多忙化に学び直すチャンスが少ない地域中小企業で中核的な役割を担う人々をおもな対象として、中小企業のマネジメントに関する基幹領域と、そのイノベーションの内容とを結び付ける理論と実務、四国経済事情に関する科目群から成る教育プログラムにより、短期集中、中小企業の学び直しの機会を広く提供する。
福島学院大学、福志	介護職者に対するキャリアアップのための園芸療法教育	本事業は、福島県内外の老人施設等に従事する介護職者（介護福祉士、社会福祉士、保育福祉士、訪問介護員、看護師、作業療法士）を対象に、高齢入所者の6割を占める認知症疾患者のケアに有効とされる園

機関名	プログラム名	内容
松本大学	地域社会人向けホスピタリティ人材育成及びスキルアップのための支援プログラム	本事業は、平成17年度から大学コンソーシアム（商工会議所）及び産（松本市）と連携して社会人向け「ホスピタリティカレッジ」プログラムを開講して実績を積んできた。このプログラムを拡充することを通じて、一般人の教養教育を始め現職業務向けブラッシュアップ、資質向上や観光事業への転業・起業を考えているまたはしたい社会人の自由参加を含めた再チャレンジや主婦の現場復帰のための能力開発の機会を提供することとともに社会人の自尊心をも培い生きがいを喚起することにより地域社会における人材再教育と再チャレンジ機構を支援を推進します
東北福祉大学	小・中学校における特別支援教育拡充に向けた専門職再教育プログラムの開発	当大学の「特別支援教育研究センター」の研究・教育資源を活用し、特別支援教育関係者（保育士・幼稚園教諭、保健・栄養教諭（助産師・保健師）、特別支援学校教諭）の専門的資格・免許を持つ現職者に、資格を持ちながら離退職した者を対象に、子育て支援に関わる人材を再養成するための教育プログラムである。
鳥根県立大学短期大学部	周産期からの子育て支援拡充に向けた専門職再養成プログラムの開発	本事業は、保健・栄養領域（助産師・保健師・栄養士・管理栄養士、保育・教育領域（保育士・幼稚園教諭、保育所・特別支援学校等）の有資格者で、一時的離職者等を主に実践力講座より基礎講座と、演習を中心とした実践力講座より。
香蘭女子短期大学	アパレルテクニカルイノベーション講座	本事業はアパレル産業従事者として、ブリーダー・再就職希望者としたキャリンジ支援のための教育プログラムである。同時に、我が国のアパレル産業発展の鍵を握る「市場の変化に適応する高度な技術」に資する取り組みとして、人材能力の向上化、活性化を図るものである。
鳥根大学	体験と協働を核としての社会力を育むキャリア教育プログラム	本取組では、鳥根県が抱える少子化と高齢化に併せて若年不足や地方に残存する雇用問題といった社会的ニーズに対応するため、15歳〜34歳までのフリーター・ニートといった社会状況下にある若年者層を対象としたキャリア教育プログラムを提供。
明治大学	広域連携による地方活性化のための潜在的な社会参加ニーズ対応就労促進プログラム	本取組は、本学リバティ・アカデミーが、学び直しの機会から取り残された人達を対象に学びの必要性の自覚を促し、就労や地域活動を促進するプログラムである。
長岡大学	長岡地域活性化のためのMOT教育「イノベーション人材養成プログラム」	長岡市地域再生計画において産業活性化にもっとも重要とされるイノベーション人材（特徴ある技術を新しい市場用途に結びつけて新製品開発を推進できる人材、事業革新の先頭に立つことのできる人材、等）を養成する。公共的組織内で当該現実に適合した地域産業政策を立案できる人材等）を養成する。
東京家政大学	児童英語地域支援者集中養成コース・プロジェクト	目的：近隣教育委員会との連携のもと、地域社会人や教員を対象とした再教育講座に携わる指導・支援に携わる人材、小学校英語活動、中学校英語教育の指導・支援に携わる人材を養成する。

したモデルプログラムの連携大学である日本女子大学と武蔵野大学もこのなかに含まれる。主だったプログラムについて，いくつか分類して紹介しておこう。なお，人社系のなかでも介護は含めていない。

①キャリア支援プログラム

大学卒業レベルの若者をもう一度大学に来てもらい，キャリアアップしてもらうプログラムである。広島修道大学が実施した再チャレンジプログラムを始めとして，「引きこもり」や「子育て終了後の女性」などのさまざまなケースがあった。それに加えたアドバンスの内容として「IT」「ビジネスプラン」「起業」などがある。こうしたプログラムは，大学として実施するプログラムとして，地域貢献の度合いが高いものといえる。私にいわせれば，七五三現象など，大卒者においても見られる現象を解決する意味として重要といえる点である。

キャリア支援のプログラムは，関西学院大学や日本女子大学，昭和女子大学などの取り組みが挙げられよう。関西学院大学（「関学ではじめる元ワーキング・ウーマンのためのキャリア養成講座」）の場合も，「キャリアデザイン」や「プランニング」「リーダーシップ」などといったキャリア開発科目を必修科目として配置し，ビジネス英語や会計・財務諸表，職場管理，経営戦略などを選択必修科目に配置している。そのうえで，アクションプランニングや，就職セミナーなどのフォロープログラムを用意している。また，女性の支援ということで，有料でありながらも一時保育（託児施設）を用意しているところも特徴として挙げられよう。

また，京都大学（「キャリア女性の再チャレンジ＝起業を支援する短期集中プログラム」）のように女性の起業を支援するプログラムも見られる。

　昭和女子大学は，幼稚園から大学，そしてオープンカレッジにいたるまで一貫して存在する女子大学であり，託児施設も準備され，大変レベルの高い女性の再就職支援プログラムを準備・提供している。日本女子大学のプログラムも同様だが，女性の再チャレンジ支援は有能な人材が多くいる。子育てとの両立が課題である。

　広島修道大学と同じような取り組みは，徳山大学（「EQ教育を柱とする若者のチャレンジ支援プログラム」），法政大学（「転職・再就職希望者に対する『トータルキャリア教育』」），神戸女子大学（「フリーター・ニート・主婦のための再チャレンジ支援講座」）などがある。

　また再チャレンジのなかでも特定の方向性を強化して支援するプログラムとして，光産業創成大学院大学「産業活性化へ向けた社会人再チャレンジ層の起業支援プログラム」や摂南大学「IT活用能力と経営企画力アップのための実践的教育」などがある。

②より具体的な実務家養成プログラム

　学び直しプログラムには，より専門的な能力を身につけさせて実務家として修了させるプログラムである。まさに，大学としての得意な分野を教育し，キャリアアップを実現させて，修了させるものである。同じ再チャレンジでも高い能力があれば，ニーズのある企業は特化されるが，逆に強みが明確になる。専門教育を教えるという意味での大学教育の意義からも意味がある。

　経理実務者養成を目的とした東京富士大学短期大学部の「『就職

弱者』のための経理実務者養成プログラム」や，京都大学の「会計専門職の学び直しを支援する短期集中教育プログラム」のように，より専門職を養成するプログラムとか，徳島文理大学のように同時通訳を養成する「コンパクトシティ教育拠点構想における実践英語能力ステップアッププログラム」がある。また，環境報告書を記載できる人材養成を目的とした宇都宮大学「企業の環境取組み診断を通じたプロジェクト・マネジメント能力の錬成プラン『地域環境モデレーター養成セミナー』」，早稲田大学「考古調査士養成プログラム」，岐阜女子大学「社会人のためのデジタル・アーキビスト教育プログラム」などや，陶芸や美術，表装など職人を養成することを目的とした東北生活文化大学「アートな職人育成プログラム」などもある。こうした特別な学び直しプログラムの場合は，対象を地域に限らず全国に広げるところに特徴があるといえるだろう。

③子育て支援プログラム

　もっと身近な課題として，子育て支援プログラムが見られる。これは，短期大学が多く提案したプログラムである。考えてみれば，子育てについては教わる場がない。子育ての方法について具体的に教育支援するのも身近なニーズに応えるプログラムとして興味深い。三重中京大学短期大学の「主体的な学びの再生と復活を目指した家族援助力養成教育プログラム」，佐賀女子短期大学「団塊の世代の知と経験を生かす子育て・孫育てサポーター養成及び活用プログラム」では，子育てそのものや発達障害児を積極的に援助するプログラムもある。

④教育支援プログラム

最近，現職教員の教員免許更新制度が話題になった。一度，大学で学んだことでも，最近の学校教育，講義で必要な専門教育なども学び直す必要があるだろう。また，教職免許を有している人々（特に女性）に対し，教員として職務につかなくても，教育支援サポーターとして教育の現場を理解し，支援するようにし，学校教育の裾野を広げようとしているプログラムも注目できるところである。

函館大学の「現職の学校教員に対する，指導力向上のキャリアアッププログラム」のように現職教員を対象としたプログラムがある。ただ，教員だけを対象としているわけではないプログラムも見られた。聖徳大学の事例「教育支援サポータープログラム」「保育ブラッシュアップ資格再活用プログラム」のように，小学校教諭免許や保育士や幼稚園教諭の資格を有し，教育に関心をもっている方々を受講対象者とし，現在の教育現場の小学校の現状を知ってもらい，問題解決に必要な技術・技能を学ぶことで，正規教員，教育サポーター，地域ボランティアの育成を目指したものである（同様なプログラムとして，大妻女子大学の「地域の教育委員会と連携した幼稚園・小学校の特別支援教育補助員及び理科支援員の育成」）。また，神戸女子大学「子育てに一段落した女性やペーパーティーチャーの家庭科教員・臨時講師への道を拓く」のように，家庭科教員の学び直しを行なうプログラムも見られている。

⑤ハイレベルなマネジメントプログラム

勤務している人を対象に，よりスキルアップを目指したマネジメントプログラムもある。マネジメント能力を始めとした人材育成，

新しく必要となった知識を学習する場としてかかるプログラムは有益である。

　勤務している人を対象としたマネジメントプログラムもある。香川大学では,「地域中小企業の中核人材能力向上プログラム」を開設し,「マネジメント戦略要論」「アカンティング要論」「生産マネジメント要論」「ファイナンス・マネジメント要論」「組織行動マネジメント要論」「ITマネジメント要論」「イノベーションマネジメント要論」「四国経済事情」などの講座を開講し, 中小企業経営者の人材育成を目指している。

　また, 帝塚山大学「帝塚山大学国際ビジネス法務塾」では, グローバル社会のなかで, 国際ビジネスに関係する法律知識と素養を学ぶプログラム, 筑波大学「大学マネジメント人材育成プログラム」は, 大学マネジメントができる人材育成プログラムがある。

⑥地域課題に対応したプログラム

　地域の具体的な課題に対応したプログラムも多くあった。豊田市など自動車産業が盛んな地域は, 外国人労働者も多くいる。かかる外国人労働者とのコミュニケーション力を向上することも大事なことであろう。彼らを支援するための言語能力を養うというのは, まさに地域の課題に対応した学習支援である。

　浜松学院大学の場合, 外国人登録者が多く集住していることふまえ, 生活相談や就業, 子育て, 就学などを含めた在住外国人支援に応える「地域共創社会の実現に資する『外国人支援リーダー』養成プログラム」や愛知県立大学「ポルトガル語スペイン語による医療分野地域コミュニケーション支援能力養成講座」, ほかにも農山漁

村地域の再生を目指した愛媛大学「地域マネジメントスキル修得講座」がある。

⑦NPO団体，ボランティアなど，中高年の社会参画支援プログラム

先にも紹介したように，専修大学（KSコミュニティ・ビジネス・アカデミー）のように，NPO団体などといった「コミュニティビジネス」を育成するプログラムや，同志社大学「ソーシャル・イノベーション型女性の再就職支援プログラムだが，再チャレンジ支援教育プログラム」のように，社会企業育成のプログラムを用意したものがある。今後，成長するであろう（あるいは成長していかなければならない）「コミュニティ・ビジネス」とか，社会企業の実際を紹介し，学習面から支援するプログラムは，今後の社会を展望するうえで重要なプログラム事例となるに違いない。

また，より具体的な支援プログラムは，帝塚山大学「英語による奈良観光ガイド人材養成プログラム」の事例が挙げられよう。このプログラムは，奈良へ観光に来る外国人のために英語ガイドを要請するプログラムである。ちょうど2010年は奈良遷都1300年にも当たりイベントも多かったが，そうした背景のなか，かかる観光ガイドを養成するプログラムは，観光都市を目指す奈良ならではといえるだろう。また，本範疇から少し外れるかもしれないが，松本大学の「地域社会人向けホスピタリティ人材育成及びスキルアップのための支援プログラム」，観光の街づくりを支援していくための市民および県民のホスピタリティ意識とスキル向上を目指したプログラムも見られる。

また，高齢者や障がい者などの社会的弱者の支援者を養成する福島大学のプログラム「高齢社会における弱者の権利と生活を護る担い手育成プログラム」や，大阪人間科学大学「心のケア専門職養成講座」の取り組みが見られる。あるいは，民生委員や児童委員に対する相談技術のスキルアップとカウンセリング能力の開発を目指した岩手県立大学「コミュニティカウンセラー教育・研修プログラムの開発・実施」のプログラムもある。

（2）学び直しプログラムの可能性

　以上紹介してきたとおり，人社系の大学で実施する学び直しプログラムであっても，その可能性は多様である。私の立場からすれば非常に魅力的な講座が多くあり，各地で多くの学び直しが展開された様子がうかがえる。ただ，大きな課題が二つある。

　一つは，募集と学び直しのあとのフォローの問題である。いわゆる入口と出口の問題だ。この問題を解決させないと，なかなかうまくいかないだろう。

　広島修道大学の場合，就業を目指す若者を対象としたため，比較的多くの受講生を集めることができたが，もう少し対象を絞ると応募者が少なくなってしまうだろう。逆に，より応募対象者を拡大しすぎるとプログラムの趣旨が希薄になってしまう。この点，東京や大阪などの大都市であれば，より対象者を明確にしたほうがよいだろう。同様なことを同じ地域でやっても意味がない。

　また，特殊技能を身につける学び直しプログラムについては，全国的なレベルで広報を行ない，受講生を集める努力も必要だ。逆にそれが可能となれば，こうした学び直しプログラムは，重要な意味

をもつことになるだろう。

　出口の問題も重要だ。就業者を対象とした学び直しプログラムであれば，プログラム終了後，キャリアアップした能力を身につけて戻ればよいだけだが，再就職支援やサポーター（ボランティア）などを育成する場合は，受け皿がないと厳しくなる。ハローワークを始めとした支援団体との連携が必要となるだろう。

　もう一つは，学び直しに必要な費用の捻出先である。有り体にいってしまえば，受講料徴収の問題である。徴収する金額がテキスト代程度であれば問題ないが，受講料を徴収するとなると，難しい問題がおきるだろう。再就職支援事業などの場合，受講料を徴収するとなると，きっと受講生は激減するだろう。また，有料ともなれば，受講生は就職先の斡旋までを期待することになるだろう。公立大学ならまだしも，私立大学としては難しい問題だ。就職したら，企業から受講料相当額を徴収する方法もあるのだろうが，それもなかなか難しい問題だ。また，無料になると，無責任な受講がなされ，気に入らないとやめてしまう人が増加するに違いない。いろいろと仕掛けづくりが必要だ。

　学び直しのモデルとしては，自動車免許更新制度があげられよう。免許更新のときに新しい交通法規など学び直すという内容と仕組みは参考になる。このように，学び直しがなされるような仕組み，そして学び続けることが当たり前であるという仕掛けづくりがあるとよいのかもしれない。

2．「学び直し」ができる社会

　大学生を過ぎたあと，人間の人生のなかで，学び直しをする機会は大きく三つの時期があると思われる。それは，①フリーターから就職とか，再就職や転職などを考える時期，②人生の転機を考える時期，③退職後の人生の生きがいを考える時期である。これら各年代と学びのイメージを図表5－2で示してみた。もちろん，それだけではないだろうが，特に学び直しの事業として，今回は①と②の時期に必要な学習プログラムを展望したい。

（1）就業，再就職，転職などを考える時期

　これまで紹介してきた「再チャレンジ」の学習プログラムがそれに該当する。大きく若者の就業支援と，女性の再就職支援に大別できる。

　「再チャレンジ」の学習プログラムといっても，対象者は多様である。図表5－3を参照されたい。「再チャレンジ」の対象者について，それぞれ整理したものである。アンケートなどから基づいたものだが，全員が該当するとは限らない。少し強引な理解もあるだろうが，それでも，理解を得やすいように，かかる図表を作成した。

　就職して順調に仕事を覚えつつキャリアアップしていくのが一般的な道筋だが，不幸にも企業の倒産，目標からの挫折，想像していた会社とは異なっていたなど，さまざまな理由で退職し，そのまま定職に就けない人などを対象とした場合である。また，直接には該

図表 5 − 2　年齢別における学びのイメージ

〜18歳	18〜22歳	22歳〜30歳	30歳〜50歳	50歳〜	退職後
小学校，中学校，高等学校（学校教育を通じた学び）	大学，専門学校（専門的能力）				
		就職希望者 第二新卒者	自己点検，スキル向上，人間力		
		就業者（スキルアップ，自己発見，マナーなど）	（昇任などによる新たな学習，マネジメントなど）		
			女性（育児後の再就職支援）		
				退職を見通した学習（NPO参加，結成，農業，新たな趣味作りなど）	
					生涯学習(歴史，哲学，読書など)

注：年齢はあくまでも目安で，それぞれの事情などを勘案する

当しないが，ニート（引きこもり）なども含めておいた。また，女性の場合，子育てなどにより退職し，再度，再就職や社会参加などを希望する人もいる。なお，直接には該当しないが母子家庭の女性も含めておいた。

　以下，それぞれについて述べておこう。

①ニート支援

ニート支援については，先にも提言したとおりである。「若者自立塾」の失敗を反省としながら，しっかりと支援事業を体系的に連携しながら推進することが大事である。しばしば「これは本部局の対応するところではない」などと指摘されるが，そんなことをいっていたら，日本全体が大きな問題になってしまう。

今回の事例で成功したのは，「ニート保護者向け講座」である。そこで集まっている保護者を中心としながら，次第に本人の参加を促し，最終的に若者仕事館などといった合宿形式の施設で共同生活を営むようにするとよいだろう。ただ，そこで修了したといっても，すぐに会社に就職できるとは限らない。いやむしろ，難しいといったほうが正確だ。より労働の喜びを知ってもらえるためにも，農作業は適当だといわれる。マイペースでできるし，自分が種をまいたものが確実に収穫になるからだ。いくら売ろうとしても，売れないセールスとは性格を異にする。「ファームハウス（仮称）」のような施設をつくり，彼らを育成するような場所にしたらよいと思う。

ニートの問題は，特定の施設や講座ですぐに解決を求めるのではなく，それぞれの団体，施設と保護者が連携しながら，対応していくことが肝心である。しかも，長い目でじっくりと育成していくことが大事なのではなかろうか。こうして少しずつでも社会との関わりをもたせていくことが大事である。

②離職者，フリーター・引きこもり

就職を一度しているものの，結局会社との折り合いがうまくいか

図表5－3 専門学校・大学卒業者（程度）における学び直し講座を必要とする人々

	離職者	非正規労働者	転職希望者	職場内でのキャリアアップ
	引きこもり ニート／フリーター、引きこもり	フリーター、引きこもり、派遣社員	会社員	会社員
存在形態	引きこもりまずは社会への参加も困難／雇用のミスマッチにより離職、そのまま就職活動をせず、家で引きこもり挫折を経験	就職活動をせず、なんとなくフリーター／別の目標があり、フリーター（音楽、芸能）	会社に不満、だけどやめられないところではない／経済情勢などを知りたい	マネジメントなど役職に就いたことで学習し直す必要／経済情勢とその意味などを知りたい
特徴	親の援助によりより生活	若いうちは、フリーターでもやっていける	学ぶことだけでなく、仲間つくり	学ぶことだけでなく、仲間つくり
		自由度が高い居心地が良い		ストレス解消
課題点	まずは社会参加から始める	単純作業に従事するため、キャリアアップ無い／一生年齢低い／不景気や年齢が進むにつれ、正規雇用先の可能性が減る		社内で悩み学ぶ機会に恵まれない
受講者の立場		大卒者にとって、高校や職業訓練での学び直しは手をつらい／専門学校は目標がある場合、行きたい意欲のある人も居る／高卒、専門学校でも		危機感は無く、キャリアアップ／仕事をめぐる経済・経営環境に対する論理的理解
大学開講の意味	引きこもりなので、難しい	「学びの場」としての空間として有益／コンサルティング、仲間を作り議論をすることで悩みを共有	「人脈作り」「学習」意見交換の場として有益／仕事に対する意味を幅広い視野で理解	まさに、高等教育を学習
広報先		近隣大学の卒業生／ハローワーク／各種生涯学習支援団体、雇用支援団体	各種経済団体、生涯学習機関	各種経済団体、生涯学習機関
教育スタンス		挫折→ストレス耐性低アップ／雇用のミスマッチ→自己発見／対人関係→コミュニケーションスキル／実践的取り組み	ゆるキャリア→ストレス耐性低い、マインドアップ／対人関係→コミュニケーションスキル／実践的取り組み	ニーズに応じた講座提供先の資格や能力向上（社会人基礎力など、ほとんど必要なし）
就職支援のあり方		面談による恒常的に理解／修了証、ジョブ・カードの作成／求人情報などの提供	キャリアアップ希望先の資格や能力向上／適性から自己発見／大学の講座	支援の必要なし
課題		いつろも相談、依存する受講生／就職環境の悪化には、なす術無しフリーターへの風当たりは現実は厳しい／安定した就職先を望む、就職したい企業先を、求人のキャップ	求人情報の提供	
留意点	時間をかけて教育（家族の対応）	できるだけ若いうちに就職する		夜間や土日の開講	夜で、できるほうが望ましい、月1回程度の講座でも可

2. 「学び直し」ができる社会

	子育て等による離職者（女性）			
	母子家庭	子育て中に準備	家計補充のため	子育ても落ち着き、キャリアを活かす
存在形態	子育てしながら就職の緊急性 就職にも託児所が絶対	そんなにすぐに就職を考えていない（就職予備軍） 就職できるものかもわからない 子育て中で自分を気づかせる	家計の足しとして仕事を行いたい	イキイキとして生活する、ワークライフバランス そんなに、お金を持つ必要は無い（常勤として働かなくても構わない）
特 徴	なんとか即戦力としての手に職	急いでいないが、将来への不安がある スキルアップになる 子育て中の自分に対し、余裕を持たせる機会	仕事先は近いほうが良い（内容にこだわらない） パート時の仕事（10時〜15時など）が望ましい	フレキシブルな仕事でも可能 意欲があり、得意な能力を有する
課題点	時間的にも金銭的にも余裕が無い	キャリアアップが必ずしも就職意欲の向上につながるとは限らない	スキルアップが求人とマッチングするか微妙	求人と能力を有している人とのマッチング
受講者の立場		行きたい人なら誰でも	行きたい人なら誰でも	行きたい人なら誰でも
大学開講の意味		「学びの場」としての空間、大学でじっくりという印象ではない コンサルティング、仲間を作り議論などを通じて悩みや課題を共有		
広報先		近隣大学の卒業生 ハローワーク 各種生涯学習支援団体、雇用支援団体、女性支援団体		
教育スタンス	手に職→スキル教育	動機付けを初めとした「キャリアプログラム」（子育てで両立のあり方） 教養も含めて学びつつ、目標が定まった場合は目的にあった学習 パソコンを初めとした基礎的なスキル（簿記、語学、FP、パソコン）		
就職支援のあり方	求人情報の提供	修了証、ジョブカードの作成 求人情報などの提供		
課題		子育てとの両立が難しい（会社の条件のキャッチアップ） 託児所は同等にみなす	女性（子育て中）と企業の間でのキャッチアップ 託児所が付設されることが有益 女性に対する支援が社会的にない	短期間でも能力を利用できる有益なツールの構築 勤務したい企業とのキャッチアップ 託児所が付設されることが有益
留意点	託児所が付設されることが有益 夜間や土日の開講	託児所が付設されることが有益	安価な講座提供	安価な講座提供
金銭的課題	講座への補助金	安価な講座提供		

ず離職する人である。折り合いがうまくいかない場合だけでなく，会社が倒産することで，結果，退職を余儀なくされる人もいるだろう。そのまま適当な就職先が見つからず，アルバイトなどを続ける場合や，自信を失い家庭に入ってしまい引きこもりになってしまう場合がある。

　一度，自分が勤務していた会社が倒産すると，新しい会社を選ぶのには臆病になるようだ。もちろん臆病にならず，新しい職場を選択し，就職する人はいるだろう。それは当然別の話である。今回は，学び直しを必要とする人のことを指している。新しい会社を選ぶのに臆病になり，比較的大きな会社を目指すことで，結局新しい職場を探しきれず，どんどん年齢が過ぎてしまうという形になるということだ。

　フリーターの「悪い」点は，比較的若いうちは，体力もあるし，フリーターでもやっていける。私も，大学の教員に就職する前は，いわゆるフリーターであったが，相当稼ぎまくっていた。仕事もあるし，任されるのでやりがいもある。結構できるものである。しかも休みたいときや，旅行に行くためにまとまった休みなど，自由に計画できる。ほかにも，いろいろな面で自由度が高い。与えられた仕事だけをしていればよいので，居心地も悪くはない。とにかく楽である。

　ただ，ここに落とし穴がある。そのことを，私は浦島太郎現象と呼んでいる。浦島太郎の話は，助けた亀に連れられて竜宮城で楽しく遊んでいた。それで，ふと我に返って，現世界に戻ったら，もはや年老いていたという話である。浦島太郎の話は真実だ。フリーターで自由気ままな生活をし，ふと我に返ったら何もないという状

態である。単純労働は楽だが，逆にいえば責任がないので，キャリアアップになっていない。仕事の経験がないまま，ただ歳を取ることになる。再就職を希望しても，経歴には何もない。一生低収入だし，再度就職を目指しても，景気が悪化したり，年齢が進むにつれて，どんどん就職の選択肢は絞られる。

　「学び直し」を受講しようとする人の立場に立てば，藁をもすがるつもりで受講してくる。だけど，なかなか職業訓練学校などでの学び直しに行くのもはばかられる。その意味で，大学で開講すること自体，行きやすいようである。専門学校に行く受講生も多いが，その場合は，すでに目標がある場合である。また，高等学校出身者や専門学校出身者でも，かかる「学び直し」の講座は受講可能となる。大学の講義を聞く機会が得られなかった人など，そういう人にも授業を開放することで，4年間でなく短期間で「大学生活」を体験できることになる。ちなみに，学力差については，あまり心配はいらないことも判明した。むしろ，しっかり，真面目に聴講する分，成績は優秀である。

　学びの場として，多くの仲間を得ることができ，悩みを共有しながら，次第に心のわだかまりを氷解していければと思う。そして，次第に学習も進めることで，自身を見つめ直し，自分のよさを見つけ，最終的に自分に適当な就職先などがわかるようになっている。

　できれば面談などを行ない，恒常的に理解するように努める。修了証やジョブ・カードなどを作成することで，支援するようにし，送り出していくことが寛容だ。一年でも早いほうがよいだろう。

　ただ，課題はある。就職環境は決して芳しくないし，受講生も行きたい企業と求人のある企業のギャップが大きい。「フリーター」

という人に対する風当たりは厳しいのが現実だ。

ついでに述べると、最近、介護などの人材が不足しているので、それらの資格取得を支援することを主張する人が多い。しかし、介護こそ、コミュニケーション能力や体力、我慢強さが求められる。ミスマッチが指摘されるように、向き不向きがある。安直な発想は慎しむべきである。

③非正規労働者

非正規労働者の場合は、派遣社員など一応の雇用は確保されるが、結局、景気が悪化すると、派遣切りがなされるようになる。いわゆる「安全弁」として使われる。このこと自体を批判することは容易だが、企業の立場からすれば、生き残りを考えたときには、当然の対応ともいえるだろう。景気悪化のときに、経営財務を悪くしてまで派遣切りをせず賞賛されても、いざ倒産するときには、誰も企業を支えてくれるわけではない。

この場合の非正規雇用者は、一応、勤めようとする意志があったり、あるいは、音楽や芸能など別の目標をもっており、そんななかで仕事を行なっているというのが特徴だ。よって、「自分の行きたい職場に就けない、あるいは就くことができなかった」人たちである。だから就職する気持ちに前向きとなり、面接の方法など一定の教育がなされればすぐに就職できる人も多いようである。ただ、将来に対する危機意識が低いことは否めない。もちろん、別の目標をもっており、その目標が達成され、大成することもありうるのだから、特定の目線で就職を押しつけるのも不自由だ。

基本的には、周囲の状況は上記パターン（離職者・フリーター）

とほぼ同じ傾向である。年齢が嵩めば就職の選択幅はどんどん狭まるし，キャリアも低いままである。

④転職希望者

　転職を希望する人の場合は，すでに就職しており，さらにキャリアアップを目指す場合となる。ある意味，現在の状況が担保されたうえで，さらに将来をよりよいものとしていこうという前向きなものといえるだろう。もちろん，現在の勤務先に不満が多く，ほかへの異動を痛切に感じている人も多くいるに違いない。

　就職活動において適性を見出し，就職先を見つけるというのは正論だが，現実的に転職希望者がいるのだからしかたがない。

　こういう場合も，コミュニケーションやマインドアップなどを図りながら，学習を進め，自分のおかれている位置を明確にしておく必要がある。「不満はあるけど，実は社会に出るともっと大変である」とか「自分の置かれている職場は劣悪である」「自分に向いていない」など明らかにすることができるに違いない。また，自分のことだけでなく，転職のメリット・デメリットなども知っておく必要があるだろう。必ずしも，条件がよくなるからといって，よいことばかりではない。また，経済状況などを把握し，一応，就職しているのだから，退職時期を見計うことも可能である。

　不景気の時期で，最悪の経済情勢であれば，敢えて退職する必要もないし，景気が好転し，求人があれば異動することを考えてもよいだろう。

　かかる講座は，異業種の意見交換の場にもなるだろう。意見交流の場として有益に機能することも考えられる。そういったなかで，

自社の再発見や自分の幅を広げていくことも可能となる。

　転職希望者を主たる対象者とした場合，土曜日，日曜日や，夜間の開講となるだろう。

⑤職場内でのキャリアアップ

　就職しており，必ずしも仕事を辞めたいわけではないが，キャリアアップを目指す場合も少なくない。たとえば，パソコンが普及しても，それを使いこなせないとか，就職後数年経って，さまざまなスキルを要求された段階で必要となる場合もあるからだ。

　もちろん，こうした能力を養成する場合は，職場内での研修制度がある場合も多いだろう。ただ，中小企業などの場合，必ずしも研修制度が保障されない場合も多いようである。もちろん，派遣社員などには保障されない場合が多い。また，あまり会社内での研修ではなく，「人知れず」学びたい人もいるだろう。そういうような人を対象とした講座も開講できたらよい。

　こういう場合は，仕事自体に不満があるわけではないので，求人などの確保の必要もなく，比較的余裕をもった学習がよいだろう。もちろん，パソコンなどのスキルを学ぶ場合は別である。むしろ，余裕をもった講座設定で，いろいろな異業種の人とも接したり，相談しあうサロンになるのもよいかもしれない。

（2）社会参加を目指した女性に対する学習支援

　先の人材ニーズアンケートを参照しても，女性が再就職する場合，「即戦力」として期待されている。女性の場合，一度，キャリアブレークしたとしても，その理由は会社の不満やミスマッチとい

うよりも，結婚，育児などといったことが理由であり，必ずしも消極的なものではない。また，こうした女性の場合，地理的条件や勤務時間などがその後の職業選択の要件となることが大きいので，雇用難で悩む中小企業にとっても有益になるだろう。その意味で，条件さえ整えば，女性が再就職することは，社会全体にとっても有益であるともいえるのだ。ただし，女性が再就職するには，さまざまな壁を乗り越える必要がある。それらの障壁を低くするのは行政の役割ともいえるだろう。もちろん，女性だけでなく，家族の理解も必要なことである。

また，講座を開講する場合，学びの空間は大学であり公民館などを想定している。大学では難しいこともあるが，公民館を含めて託児施設を用意するとよいだろう。有るのと無いのとは受講生数に影響があるばかりでなく，講座自体に対する意識も違ってくるようだ。

ただ，女性の学習支援といっても，対象者は多様である。以下，紹介していくことにしよう。

①母子家庭の女性を対象とした講座

母子家庭の場合は，子育てをしながら絶対に就職をしなければならないという切実な状況がある。できれば就職先にも託児施設があるとよいだろう。時間的にも，金銭的にも，体力的にも余裕がない大変厳しい状況のなかで，即戦力として雇用先を見出す必要がある。少しでも余裕があれば，手に職をつけてキャリアアップすることが大事である。ある意味，「大学でじっくり学び直しをする」という余裕はないのが現実だ。必要な人材ニーズを調査し，スキルや

求人情報の調べ方など即効性のある講座開講が求められるところである。また求人情報などを提供したり，企業への働きかけも大事である。

②子育て中の女性を対象とした講座

子育て中の女性に対する学習支援は有益だ。子育てに忙しく，自分を見失ないがちの時期なので，まずは自分を確認することから始める。先にも紹介したとおり，託児施設があると気兼ねなく講座に参加できる。「そもそもそういうことがあるとは知らなかった」とか，「同じような悩みを持った人が多いことがわかった」など，さまざまな意見を聞かされる。子育て中に必要な準備をし，来るべき社会復帰に備えるのは，目標をもった生活を実現する意味でも重要なことだといえるだろう。すぐに就職を目指すわけではないので，就職予備軍として，機会を見て，自分の能力を生かせる職場を探すことも可能である。こうした職場を探すノウハウを得るだけでも有益だといえるだろう。

以上のような，多様な若者に対して学び直しプログラムを提供することで，就職への意欲向上がなされるのである。子育て中の自分の意味に気づき，将来へのステップアップするという意味でも有益だ。そして，自分自身を取り戻し余裕をもたせる機会にもなるだろう。これは，就職している人に対しても同様だ。企業のなかでの研修とは別のレベルで，自分自身を磨いていく必要がある。対象者は，就職したい人だけでなくても，子育て中の女性なら参加するだけでも「学びの場」としての空間としても有益になるに違いない。コンサルティングや仲間をつくり議論などを通じて悩みや課題を共

有する意味でも重要である。

　そもそも就職をするつもりがあるのか，ボランティアなど社会参加することができるかどうかから始まる。よって，講座は動機づけから始めることになるだろう。あとは，子育ての両立のあり方など，子育てから自分自身の自立を展望させていくことが求められるところである。

　学習内容は，教養を含めた学びや，目標が定まった場合は，目的にあった学びが求められる。パソコンや簿記，語学，ファイナンシャルプランナーなど，さまざまな能力を生かすスキルだけでなく，翻訳，通訳などさまざまな可能性があるだろう。もちろん，就業のために必要だといわれるお決まりのコミュニケーション力やマインドアップを向上させることは大事である。就業支援としては，求人情報などを提供していくことは大事である。すぐに就業しない人のためにも，マザーズハローワークなど，女性を対象とした職業支援団体を紹介しておくことも準備のために重要だ。

　もちろん，課題は多い。企業からは女性の子離れが指摘され，子育てとの両立が心配される。こうした部分のアドバイス（家庭の理解をどのようにして得るのか）や，また企業側への受け入れ環境の整備が求められるところである。

　③家計補充のために仕事をする女性を対象とした講座
　次に，家計を補充するために仕事をする女性の場合が挙げられる。子どもが進学するに従い，出費も嵩み自然と家計が苦しくなる。そのためにも，家計の足しとして仕事をする。
　こういう場合，仕事先は近いほうがよく，内容も特殊なものでな

ければこだわりがないようだ。また，パートのような仕事（たとえば10〜15時など）が望まれる。こうした場合，勤務先によってニーズが異なる場合があるので，スキルアップと求人とのマッチングが上手にできるかは微妙である。

　基本的に学習内容は，前記「子育て中の女性」と同じであろう。ただ，企業のニーズに応じてスキルを習得することが大事である。

　④子育てが落ち着き，キャリアをいかす

　子育ても落ち着き，キャリアをいかした生活を考えたときの女性の仕事である。最近，しばしば指摘されるワークライフバランスを保ち，イキイキとした生活を営むことである。こうした女性は，金銭的に困難でもないので，就業自体に切迫感もないようだ。よって，常勤として働かなくても構わず，フレキシブルな仕事であっても可能である。自身のキャリアをいかした仕事があったときに参加するというものだ。

　こうした女性は，仕事の内容によっては意欲があり，また自身での能力開発もしているので，得意な能力をすでにもっている場合がある。「学び直し」という点では，その個性を上手にコミュニケーションをとれるかが課題となり，あとは得意なところをさらに伸ばしていくことが大事となる。

　たとえば，広島も国際都市であり，海外の人々との接点が多いので，こうした臨時的な通訳を必要とした場合の対応など，上手に人材バンクを構築していくことが大事となる。起業をするのもよいだろう。仕事に対する意欲が向上しても，勤務したい企業がない可能性も高い。こうした起業に必要なノウハウを勉強できる講座を開講

することも有益だ。能力を有している人とのマッチングの必要があるだろう。

（3）ライフサイクルの転換期としての40〜50歳前半

　大学には，サバティカル制度というのがある。何年かに一度，1年を単位に自由に研究に従事することができる制度である。残念ながら，私はこの制度をまだ利用したことはないが，研究に集中するとともに，自分の生活を見直すきっかけになるだろう。

　実際，私たちの人生をふり返るとき，40〜50歳代前半は一つの転換期といえるだろう。管理職に就いたり，あるいは他社への出向を考えたり，はたまた早期退職などの声が掛けられる可能性も出てくる。また，会社勤めが安定し，子育ても落ち着く時期でもある。

　ところが，多くの人々は，次の一歩を考えようとしても，日常に追われることが多いようだ。ある程度，将来が見えてくるに従い，「自分がこれでよいのか」と考えることも多くなるに違いない。また，逆に将来への新たな展望が見出せず不安が先にたち，安定的な日常に漫然と暮らしている人も多いものと思われる。

　こうした転換期に，企業にとっても，サバティカル制度をつくるようにし，学び直しの機会を提供することは有益なことと考える。もちろん，この制度は年齢で利用できる権利を与える必要はないだろう。たとえば，勤続20年の会社員に対して与えるというのも，モチベーションを与える要素になるに違いない。これは，将来，企業の新入社員を募集するのにも，一つのPRの要素になるのではなかろうか。

　現在，大学は独自に「履修証明」を発行できるようになった。大

学で設定した120時間以上の体系的なプログラムを受講することで，学長名による履修証明を発行できるようにしたのである。現在，広島修道大学でも「修大再チャレンジプログラム」を受講することで，履修証明を発行し，ジョブ・カードへ反映することを考えているが，こうした履修証明を発行することで企業に対するサバティカル制度を裏づけることになるのではなかろうか。

次に，大学で学ぶことによる，いくつかの学び直しの可能性を紹介しよう。

① マネジメント（管理職）に向けての再学習

40歳代前半ごろから，次第に管理職に就くことが多くなる。管理職になることで手当てがつき，家計が助かるのであれば，好むと好まざるとに関わらず，管理職を引き受けざるを得ないこともあるだろう。これまで，仕事を任される立場から，任す立場に変わるのだ。

先に紹介した「人材ニーズ調査」を参照しても，40歳代以上で求められる人材は，パソコンや語学などといったスキルではない。むしろ「社長の良き理解者でありアドバイザー」とか，「仕事の理解が早く40～50人を束ねることができる」人材こそが求められるところである。こういった，マネジメント能力が期待されている。

かかる能力は，大学教育において有益性を発揮されるところである。世界の経済事情や簿記の考え方，マーケティング論など，さまざまな講義は，現在の経済や経営・商業の動向を理論的に説明したものである。こういった内容を学び直すことで，スキルアップした形として会社で活躍することが可能となるに違いない。

②人生を見つめ直す機会とする…教養編

 40歳代後半ごろから50歳代になると，子育てもおおよそ終了する。子どもの学費などで決して家計は楽ではないにせよ，子どもたちも自立し，夫婦生活も新たなステージになるだろう。余暇などを有意義に利用することを考える世代となる。また，逆に50歳代半ごろになると，退職時期が見えてくる。いきなり「肩たたき」をされ，将来を見通したとき，何もないことに途方に暮れてしまうこともあるだろう。

 こういった人々に対して，教養教育などを学び直すことで，新しい世界を広げることが可能となるに違いない。郷土史などを学んだり，自然環境を知る。また，音楽や映画など芸術の見方を学ぶこともおもしろい。写真やパソコンでブログを開設する学習もおもしろい。ボランティアなどの方法を学ぶことも大事である。これらを学ぶことで，豊かな人間生活を送ることを可能とする。

 子どものころから元来，趣味としてやっていたことであれば別だが，新しく趣味をつくろうとしてもきっかけがなければできないことである。

③人生を見つめ直す機会とする…起業編

 また，起業やNPOなどを立ち上げることを考えるのであれば，それ自体の講座を設置することも考えられる。

 専修大学は，この「学び直しプログラム」において，地元川崎市と協定を結び，コミュニティ・ビジネスの教育を推進している。有り体にいってしまえば，今後，さらに広がるであろうNPOなどのコミュニティ・ビジネスについて，理念から実際にいたるまで講義

を行ない，さらに研修を行なうことで人材養成するものである。私も見学させていただいたが，講義には多くの年齢層の人々が参加していた。実際にNPOを推進している人や，これを機会に受講生同士が中心となりNPOを立ち上げた人などさまざまである。

　また，こうした講座を開講することは，学習面だけの効果だけでなく仲間をつくるきっかけにもなる。ノウハウや能力としても一人では難しい場でも，数人が参加することで，お互いの社会経験で補完しあうことも可能となるのだ。

④学びきれなかったスキルを学ぶ機会とする

　今回，各種事業を推進して驚いたことは，パソコンスキルの講座受講生が多かったということだ。このパソコンスキルは，現在，企業にとっては必須技能であるが，30歳代後半から40歳代にかけて，パソコンスキルが充分でない人が多いことがわかった。

　実は，これには理由がある。パソコンが急速に普及したのは，ウインドウズ98が普及したころからである。今から約12年前のことである。つまり，現在30歳代後半から40歳代の人にとっては，パソコンを必要としないまま，結婚，子育てになった人が意外と多いのである。会社員としても，自己流で学ぶ程度の人が意外と多い。

　現在，パソコン能力は，高等学校，大学で学ぶ機会があり，多くはおおよその能力を有している。その意味で，現在必要であるとしても，将来この講座を維持していく必要はないだろう。ただ，パソコンスキルのように会社にとって必須技能でありながら，今後学びの機会に恵まれなかった技能が登場した場合，やはり講座などを設定し支援していく必要があるだろう。

3.「学び直し」を広げるために

　以上，自身の取り組んできた各種事業を中心に紹介してきた。これらの事業は，自分の想像を超えた大変なものであった。これを支えたのは，本学の教職員であり，事務局として配置された職員であった。教育は，マニュアルどおりにいかない。時間をかければかけるほどよくなっていく。新しいプログラムなのだから尚更である。今回本プログラムにかかわった人々は，この点をよく理解していた人が多かった。甘えるわけではないが感謝したい。また，連携した支援団体である。多くの連携ができ，協力していただくことができた。こうして講座も磨かれ，内外に高い評価を得ることができたのである。

　何といっても，一番の驚きは受講生の反応がよかったということである。ほとんどの受講生から前向きの回答を得ることができた。もちろん，これは講義のコーディネート，講師の講義内容にもよるのだろうが，一方で多くの人々がこうした講座を期待していたことにもよるのだろう。

　講義はもちろんのこと，多くの人々の共通の反応は，「共有できた。仲間ができた」ということである。学習することはもちろんだが，共通の悩みを抱えた仲間と知り合えることができるというのも学習の場づくりの醍醐味である。

　生涯学習といえば，これまで考えてきたのは仕事を引退した人を対象としていた。仕事から引退し，もう一度学びを通じて，老後をイキイキと過ごすというものである。もちろん，こうした人々に学

習の場を提供することはすばらしい。ただ，それだけでなく，すべての人々に学習機会を提供することも重要であり必要であることが確認できた。

　企業でも研修制度は保証されている。しかし，研修制度を受けられるのは正社員が中心である。非正規社員やアルバイトをしている人々とはどんどん差がついてしまう。また，子育て中の女性の将来を展望する意味でも重要だ。もちろん，正社員であったとしても，企業のなかで研修を受けるのではない講座の受講を望む人もいるだろう。幅広い人々に対して講座を提供する意味があることが判明した。

　当然のことながら，教育は理屈ではない。実態をふまえることなく，理屈だけで講座を設定してもうまくはいかない。もちろん講座は開講できるが，受講生から期待できる反応は得られないだろう。講座コーディネーターが講師や行政と調整したり，内容について議論を積む必要があるだろう。また，講師も常に雇用のニーズなどを把握しておく必要があるだろう。

　多くの人々が学び直しのできる社会になればよいと思う。会社をやめて，誰にも相談できず，不安にさいなまれた人が大学などで多くの仲間と出会えて元気になれればよい。一緒に学習することで，お互いが支えあってがんばれるようになればよい。そして，自分を見つめて新しい自分の道を見つけられればよい。

　子育て中の女性が講座を受けて，自分を取り戻し，子育て終了後に会社に勤められればよい。転職を考えていたけど，受講を通じて軽率だとわかって，自分の職場を見直すきっかけになるとよい。

　これは，再チャレンジを目指した人の例だけのことではない。50

歳ぐらいになって，管理職になったあと，どのように従業員を把握すればよいか，最近の経済事情や経営のあり方について学ぶ機会があるとよい。また，子育てが落ち着き，将来が見えてきて教養を学び新しい趣味を学ぶこともよいだろう。また，起業やNPOなど独立するために必要な学習をし，自分の新しい世界を見つけるのもよいだろう。

　多くの人々に学び直しの場を提供して，同じことを考えている仲間をつくり，新しい道が開ける社会が展望できるとよいと思う。

あとがき

　「学び直し」の委託事業を実施していた時のことである。近くにあった元国立大学で「学び直しの講演会が開催される」という噂を聞いた。この元国立大学は学び直しの事業には採択されていないはずなのに……と怪訝な気持ちになりながら，ちらしを見て愕然とした。いわゆる芸能人を呼んでの講演会である。確かに面白いかもしれないが，率直な感想が「税金の無駄遣い」である。「学び直し」の事業に，自信と誇りをもって推進している自分にとって，あまりに残念だった。こちらはせっせと汗をかいて，再チャレンジを目指してがんばっている人々を何とかしようと思っているのに，全く無理解な講演会である。こんなことをしているから，全てがダメになってしまうのだ。

　この元国立大学は，総合大学だが，とりわけ学校教育が専門の大学である。それが，こんな横着な事業を展開するとは……なげかわしい限りである。

　委託事業を受託した機関を見ていて思う所がある。その委託事業の趣旨を理解して一生懸命頑張る機関もあるが，委託事業をとること自体が目的で（あるいは，押し付けられて），再委託などを行い改善意欲がない機関も多いようだ。許認可権を持っている行政主体の手腕が問われるところである。単なる利権のバラマキ機関であって欲しくない。

　私は学校で「なぜ政府は税金を得るのか」という問いに対し，

「一人ではできないことをみんなで税金というお金を出し合って政府が実行するのだ」と教えてもらった。そのための道路，学校，あるいはロケットなど，その時宜にあった取り組みが行われるのだと。私は，それが公権力の理解として正しいと思っている。税金をキャッシュバックするのは，もらう立場からすれば嬉しいのかもしれないが，そんなことなら減税しろと叫びたい。今回，託児施設の不足などが課題とされた。しかし，こういった事業への手当も充分ではないことが判明した。託児施設などのインフラが教育や働く場で整備されれば，どれだけ社会がよくなるか。

　学生時代，周囲にはさまざまな人がいた。平和を叫ぶ人，宗教などに関心をもつ人，サークル活動に関心のある人，学生運動をする人，日の丸を大事にしている人，勉強に没頭する人…。「類は友を呼ぶ」というが，「普通」の人より変人が多かったようである。

　学生時代から，多くの議論をしてきたが，私は彼らの意見にどうもしっくりいかなかった。彼らの主張に異論があったわけではない。むしろ，私にとっては尊敬できる人が多かった。今は，政治団体の事務局をしていたり，有名予備校のカリスマ講師をしていたり，学校の先生をしていたり，新聞記者，はたまた政治家もいる。もちろん，普通のビジネスマンもいる。若いときにはしっかりとした思想をもって行動することは決して悪いことではない。それが暴力ではいけないが。一線を越えられないでいながら，決して遠ざかることもしない私のことを「落合イズム」などといわれていた。孤高でいることが好きなわけではない。人の意見に呑み込まれず，自分の意見をもっていたかっただけである。

　この姿勢は，大学院に入っても同じである。私は，研究者とは，

自分の考えに基づき，自分が選んだ素材をもとに研究するものだと考えていた。しかし，実はそうではないようだ。先生から与えられた史料を，先生が指摘したように評価し，叙述するのがよいようだ。ただそういう人たちは，就職まではするが，以後ほとんどまともな研究はできていない。それは自分自身の意見をもてないからだ。もっとも，私もまともな研究をしているかといわれると心細い限りだが。ただ，私は私なりのスタイルをもっているつもりだし，それでよいと思っている。共著や編著の場合は，ほかのみなのスタイルに合わせる必要があるが，自分の著書では別にいわれたくはない。

平和とか，民主主義とか，幸せとか，そういうのは大事なことだし，議論していて楽しいけど，それだけを理由に動く活動家には納得できない自分がいた。もちろん，私もかかる問題は重要だと考えていたし，社会問題にコミットしていきたいとは思っていた。歴史学も現代を視野に入れて考えるべき学問である。ただ，社会問題に関わるのであれば，実際の活動の中で関わりたいと思っていた。

その意味で，「再チャレンジ支援事業」は，私にとって社会問題に大きくコミットした事業であったともいえる。もちろん，私一人だけでは，何一つなしえなかったであろう。私は，マネジメントをしただけである。多くの人々と一緒に推進したからこそ，成功することができたのである。受講生の反応もよく，再就職に向けた準備として有益だったことが判明した。高等教育機関とは異なるレベルの大学のよさがあることを確認した。

本学の評価を耳にする。卒業生からは，「母校であることを誇りに思う」と言われ，他大学卒業生からは，「こんなことなら，修道

大に入学すればよかった」との感想を聞いた。こういった声こそが，真の外部評価なのではなかろうか。

「大学でやったからよかった」という声が多く聞かれた。職業訓練とは違うレベルでの学び直しの場はきわめて大事であることが確認された。高等教育機関とは異なるレベルの大学のよさがあることを確認した。

「孤独だった。同じ境遇の仲間ができ，悩みを打ち明けあって，やっと自分を取り戻すことができた」という声を多く聞いた。学びの空間を通じて多くの仲間を得ることができたことが確認できた。

「託児施設があって助かった。気兼ね無しに受講できた」。子育て中の人は，子どもを預けるのも大変だ。仮設託児施設を用意することで，学習意欲を増している。公民館事業において，子育て中の女性は学習意欲が高いことが確認された。

本事業に関わった2,000名のうち，「税金の無駄遣い」などと指摘した人もいないわけではなかったが，多くの人からは歓迎の回答をいただいた。多くの人々が，「動員」による人集めでなく，「喜んで」「意欲的に」学習の場に参加した。自分を見つめ直し，意見を共有しながら仲間をつくり，新しい世界を見出そうとする。すばらしい社会を実現する一歩である。あとは受け皿を用意する必要があるだろう。

実は，当初，大学としては，必ずしも全面的に歓迎というわけではなかった。修大再チャレンジプログラムについて述べると，「再チャレンジ」という言葉の印象は悪く，「そんな学生が来てもらっても」などという意見も多く聞かれた。また，広島県再チャレンジ学習支援協議会を受け入れるときも，「何で本学が？」という意見

を内外から聞かされた。私にとっては，ある意味，はしごを外された気持ちであったが，引き受けた以上は，何とか形をつくらなければ，と，ずっと駆け足で対応しつづけた。この二つの事業は，二つの部屋に事務局を分けてあったが，自分が大学に行くときは，ほとんど毎日，一度は顔を出すようにした。

　一番の喜びは，受講生の反応である。追跡アンケートの回答率は高く，しかも多くの人々にとって反応は好感触だった。会うことはなくても，小さなハガキにぎっしりとコメントをしていただく内容を見ると，本来であれば，この事業は継続しつづける必要があるのだろう。また，直接会うことのできる受講生は本当に元気になっている。教員からもプログラム受講生の熱心な様子をうかがう。多くの人々が着実に前を向いている。多くの受講生が社会にコミットしていきたいと考えている。それは，引きこもりの人についても同様である。労働の喜び，賃金をもらう喜びを常に感じるために，どのようなプロセスを経る必要があるか，考えていかなければならない課題である。

　七五三現象，ワーキングプア，貧困率など，多くの課題が内包する現代社会。大学は学問を教える場であることはもちろんのことだが，もし現代社会の抱える問題を大学が教育を通じて少しでも解決できるというのであれば，大学としても協力する必要があるのではなかろうか。

　なお，本書は書下ろしだが，以下の成果を反映している。
・「広島修道大学の『再チャレンジ支援事業』の取組み」(『私学経営』415，2009年)
・「地元ニーズを踏まえた『就職氷河期世代』の再教育・就職プロ

グラム」(『文部科学時報』1609, 2010年)
・『広島県再チャレンジ学習支援協議会報告書』(2008〜2010年)
・『修大再チャレンジプログラム報告書』(2008〜2010年)
・『社会人の学び直しニーズ対応モデルプログラム合同フォーラム』(2010年)

　いつでも，誰でも，大学で学習できる社会づくりは，将来の日本を考える上でも素晴らしいことだと考えるのである。

　最後に本書執筆に当たり，いろいろとわがままを聞いてくださる学文社の二村和樹氏に心より感謝申しあげたい。

2011年4月

落合　功

〈筆者略歴〉

落合 功（おちあい　こう）

- 1966年　神奈川県川崎市生まれ
- 1988年　中央大学文学部史学科国史学専攻卒業
- 1995年　中央大学大学院博士後期課程文学研究科史学専攻修了
- 同　年　日本学術振興会特別研究員
- 1998年　広島修道大学商学部専任講師
- 現　在　広島修道大学商学部教授，学術交流センター長，博士（史学）

〈主な著書〉

『戦後，中手造船業の展開過程』広島修道大学学術叢書，2002年
『入門　日本金融史』日本経済評論社，2008年
『評伝　大久保利通』日本経済評論社，2008年
「広島修道大学の『再チャレンジ支援事業』の取組み」『私学経営』415，2009年
「地元ニーズを踏まえた『就職氷河期世代』の再教育・就職プログラム」『文部科学時報』1609，2010年

〈広島修道大学学術選書52〉
学び直し可能な社会と大学―これからのキャリア教育―

2011年5月30日　第1版第1刷発行

著者　落合　功

発行者　田　中　千津子　　〒153-0064　東京都目黒区下目黒3-6-1
電　話　03 (3715) 1501 代
FAX　03 (3715) 2012

発行所　株式会社　学　文　社　　http://www.gakubunsha.com

ⓒ OCHIAI Ko 2011　　　　　　　　　　印刷所　亜細亜印刷
乱丁・落丁の場合は本社でお取替えします
定価はカバー，売上カードに表示

ISBN 978-4-7620-2181-7